L'autorité : Pourquoi ? Comment ?

Du même auteur, aux éditions Marabout

Votre bébé de 1 jour à 1 an Poche n° 3120
Votre enfant de 1 à 3 ans Poche n° 3121
Votre enfant de 3 à 6 ans Poche n° 3122
Toutes les questions au psy Poche n° 3176
Bébé pleure, que faire ? Poche n° 3191
Mon enfant a confiance en lui Poche n° 3192
Le Sommeil de votre enfant Poche n° 3196
Le Livre de bord de votre enfant de 1 jour à 3 ans Livre de bord
Le Livre de bord de votre enfant de 3 ans à 6 ans Livre de bord
Questions au psy (spécial petits) Marabout Pratique
Guide du jouet Marabout Pratique
Guide de votre enfant de 1 à 3 ans Marabout Pratique

Anne Bacus

L'autorité : Pourquoi ? Comment ?

De la petite enfance à l'adolescence

Marabout

Sommaire

Introduction 9
1. L'autorité bien comprise 13
2. Ce qu'il faut dire aux parents 51
3. Ce qu'il faut savoir des enfants 67
4. Les outils de l'autorité 107
5. Comment faire cesser un comportement négatif 129
6. Comment susciter (ou développer) un comportement positif 165
7. L'autorité, âge par âge 195
Conclusion 247
Table 249

Introduction

La discipline et l'autorité sont une part importante de l'éducation. Ce n'en est pas la part la plus facile ni la plus agréable. Bien menées, elles contribuent à structurer l'enfant, à lui donner un équilibre. Elles rendent la vie à la maison et en société moins conflictuelle et plus agréable pour chacun. Leur but, c'est de construire des adultes capables de mener l'existence qu'ils auront choisie.

Pour beaucoup de parents, j'imagine que ces deux mots font partie du passé. Ils évoquent une époque révolue depuis les années 1970, lorsque les instituteurs donnaient des coups de règle sur les doigts de l'élève indiscipliné ou que le père tout-puissant n'hésitait pas à employer le martinet pour faire appliquer sa loi.

Si les enfants sont restés les mêmes, le monde a bien changé. La discipline d'aujourd'hui n'a plus rien à voir avec ces images poussiéreuses. Bien qu'elle reste contraignante, elle n'a pas besoin d'être douloureuse. Discipliner, cela signifie enseigner, mais ni punir ni infliger une souffrance. Éduquer semblait plus simple autrefois car le monde lui-même était plus simple. On élevait ses enfants comme on avait été élevés. Les influences extérieures (télévision, école, copains, vie sociale) étaient moins importantes. Il existait certains consensus sur la manière d'éduquer. Les parents ne se posaient pas tant de questions. L'affection et le respect de leurs enfants étaient une obligation, un dû : pas de crainte à avoir de ce côté-là. Ils frustraient leurs enfants ou se fâchaient la conscience tranquille.

Mais depuis une vingtaine d'années, les parents sont tous devenus plus ou moins psychologues. Pas un magazine qui ne leur explique qui est leur enfant et qui ne les abreuve de conseils. Ils ont compris qu'ils ne doivent plus agir de la même façon que leurs propres parents, qu'il leur faut devenir des experts de l'éducation. Sinon leurs enfants risquent toutes sortes de traumatismes. Ces derniers sont des génies fragiles, pour lesquels tout se joue dès la petite enfance. Être parent est devenu un métier. L'exigence de perfection s'est doublée d'un sentiment aigu de culpabilité. La crainte d'être défaillant est palpable. « Je n'en fais pas assez ; je ne profite pas assez de mon enfant. »

Si les effets positifs sont évidents en termes d'échanges, de respect de l'enfant et d'ouverture sur le monde, cela a aussi abouti à une perte de repères. Beaucoup de parents se sentent perdus, pris entre des injonctions contradictoires. Interdire, notamment, devient une mission quasi impossible. Est-ce légitime d'empêcher ou d'exiger ? L'enfant donnant un sens à leur vie, comment supporter alors sereinement son agressivité et son rejet ? Pourtant, la frustration, à doses raisonnables, est structurante, et les limites aident l'enfant à maîtriser ses pulsions. J'espère parvenir à vous en convaincre.

De nombreuses interventions traitent du sujet de l'autorité, depuis qu'on annonce son retour. De certains conseils, les parents se disent : « C'est vraiment trop simpliste » ou : « J'ai déjà essayé » ou : « Trop laxiste, cela ne marchera jamais. » D'autres, ils se disent : « Trop sévère : jamais je ne pourrai me comporter comme cela avec mes enfants. » Vous trouverez dans ce livre de nombreuses techniques très concrètes utilisables dans différentes situations. Elles devraient vous épargner d'avoir à :

– crier, tempêter, répéter cent fois les mêmes demandes ;

– entrer dans des argumentations, négociations et justifications sans fin ;

– frapper.

Mais, surtout, n'appliquez que ce qui vous semble juste. Vous êtes le seul spécialiste de votre enfant. La meilleure attitude consiste à essayer, assez longtemps et avec suffisamment de conviction pour que votre changement de méthode ait une chance de donner un résultat favorable et durable.

Avant d'écrire ce livre, je me suis personnellement frottée à l'éducation de mes enfants. Depuis quinze ans, je suis également en contact quasi quotidien avec des parents d'enfants de tous âges, qui me parlent de leur vie de famille et de leurs difficultés. Ce sont eux qui ont enrichi et élargi ma réflexion.

Grâce à eux, j'ai constaté de nombreuses fois combien les enfants sont différents, y compris au sein d'une même fratrie. Certains sont faciles à élever et à discipliner. Ils perçoivent très vite les avantages qu'il y a à accepter les règles de base auxquelles tiennent tant leurs parents. Avec eux, encourager, recadrer si nécessaire, cela suffit. D'autres enfants sont plus réfractaires, ils posent davantage de difficultés à leurs parents. Pour ceux-là, les méthodes à appliquer seront différentes. Tous traversent des périodes plus souples ou plus oppositionnelles. Quand vous aurez fini ce livre, vous aurez une vue d'ensemble et une autre approche de l'éducation. Vous y trouverez, je le souhaite, une nouvelle confiance en vous, dans vos compétences parentales. Vous serez tout à fait à même de faire un choix parmi toutes ces techniques et de décider de votre attitude, en fonction de la situation qui se présente, de votre enfant et de votre culture familiale.

Quand j'écris « l'enfant », j'évoque le garçon aussi bien que la fille. Le pronom « il » m'est imposé par la langue française.

Quand j'écris « le parent », je m'adresse à la mère autant qu'au père. Même si les deux parents ne sont pas identiques en matière d'autorité, il me semble évident que cette réflexion les concerne ensemble et au même titre.

1

L'AUTORITÉ BIEN COMPRISE

Au cours de ce chapitre, nous allons voir comment les notions d'autorité et de discipline se définissent aujourd'hui et les questions qu'elles posent. La loi évoque « l'autorité parentale », définissant ainsi les droits et les devoirs des parents à l'égard de leurs enfants. Son évolution reflète celle des mœurs de notre société et donne dorénavant une place égale au père et à la mère. Mais nulle part, et ce n'est pas son rôle, elle n'explique comment appliquer cette autorité avec sagesse et clairvoyance.

L'ENFANT : UN BIEN PRÉCIEUX

Avoir un enfant… Y a-t-il aujourd'hui encore, pour un homme comme pour une femme, aventure plus formidable ? C'est une folie, c'est un pari sur l'avenir, c'est un risque fou et c'est une promesse merveilleuse.

Pendant des millénaires, la question d'avoir ou non des enfants ne s'est pas véritablement posée. On prenait ce que la vie nous envoyait. Le siècle dernier, avec la découverte de méthodes contraceptives efficaces et l'amélioration des conditions de vie, a vu diminuer le nombre d'enfants par famille : on a moins d'enfants, mais en meilleure santé, mieux éduqués et plus investis affectivement. Aujourd'hui, l'enfant est devenu d'autant plus précieux, au plan familial comme au plan social, qu'on en a peu. Si bien que les parents n'ont plus droit à l'erreur. Notre société actuelle assiste à une montée de l'individualisme, le couple s'est désinstitutionnalisé, le caractère privé de la vie familiale s'est accentué, les repères traditionnels ont quasiment disparu. Tout cela a contribué au fait que la position de l'enfant, au même titre que celle des parents, se trouve fragilisée.

Les jeunes parents ont souvent souffert personnellement et précocement de la fragilité du couple puisqu'un tiers des trentenaires sont aujourd'hui enfants de parents divorcés. Le seul lien qui tienne pour la vie, ils en sont convaincus, c'est le lien filial : avec l'enfant, l'amour, c'est pour toujours. Alors comment faire pour éduquer un être aussi précieux ? Comment imaginer de le contrarier ? De faire avec lui preuve d'autorité ?

Ce petit être tant aimé, porteur de tant d'espérance, comment se résoudre à le frustrer ou à lui interdire quoi que ce soit ?

L'AUTORITÉ : UNE NOTION QUI A BIEN ÉVOLUÉ

Jusque dans les années 1960, l'autorité se vivait sans états d'âme. La rigueur était incarnée par le père de famille, que la mère attendait le soir pour qu'il distribue les punitions. « Tu vas voir ton père, ce soir ! » était la phrase qui constituait la base de l'autorité maternelle. Les principes forts étaient : « Les parents d'abord ; les enfants après », « Les enfants n'ont qu'un droit, c'est de se taire », « Parce que c'est comme ça et pas autrement », etc. Les fessées ne culpabilisaient pas les parents et il se vendait 300 000 martinets chaque année. Les parents se sentaient tenus d'apprendre à leurs enfants la rigueur, le sens de l'effort, le respect des adultes et les bonnes valeurs.

Mai 1968 et quelques pédagogues plus tard, les choses ont bien changé. Les psychologues ont appris à observer et à comprendre les enfants. De cette compréhension sont nés un respect obligatoire et de nouveaux droits, inscrits dans la loi. Deux phénomènes sont apparus en parallèle : la diminution du nombre d'enfants par famille, rendant celui-ci précieux, comme nous l'avons vu ci-dessus, mais également l'irruption de la télévision dans la vie des enfants. Les parents sont de plus en plus mis en rivalité avec d'autres influences extérieures au milieu familial. Les enfants dorénavant s'expriment, comparent, exigent, râlent : difficile dès lors d'avoir le dernier mot.

Progressivement, la compréhension de l'enfant a débouché sur le laisser faire et le laisser grandir. On ne contrariait plus les enfants. Il était devenu interdit d'interdire. Les enfants allaient être gravement frustrés si on leur interdisait de mettre leurs pieds sur la table ou de manger une douzième sucette. Avoir de l'autorité était passé de mode : le grand mot était la discussion. Il fallait s'expliquer, faire appel à la raison de l'enfant.

Le problème, c'est que les enfants, eux, sont restés les mêmes. À dix-huit mois, ils disent tous non, déchirent les livres, traversent sans regarder et mangent la terre des plantes vertes. Un an plus tard, on se retrouve face à un petit braillard qui se roule par terre au supermarché et qui refuse tout ce qu'il n'a pas lui-même décidé. À quinze ans, ils disent encore non, toujours avec la même vigueur et sont encore moins aimables. Si bien que les parents ont fini par se demander ce qui ne collait pas dans les conseils qu'ils recevaient et si les conséquences de cette nouvelle manière d'éduquer étaient bien positives.

Les parents, comme les professionnels et les jeunes eux-mêmes, se sont mis à réclamer un retour de l'autorité. On ne compte plus les adolescents qui reprochent à leurs parents de n'avoir pas été plus sévères ou plus exigeants avec eux, ce qui leur aurait permis, disent-ils, de faire de meilleures études ou d'éviter certains choix désastreux. Alors, l'autorité fait à nouveau recette, mais dans la confusion et l'incohérence. On découvre qu'il y a nécessité à resserrer certains boulons si on ne veut pas se faire taper par un petit haut comme trois pommes et se faire insulter plus tard par un ado mal embouché. Pour autant, il ne s'agit pas de revenir en arrière. Discuter avec nos enfants, s'expliquer, transmettre, c'est essentiel. Mais à condition de garder sa place de parent, celui qui guide, qui donne la loi, qui respecte et se fait respecter.

On est passé d'un vieux système autoritaire à un autre extrême, le laxisme. Puis on a brouillé tous les repères. Il est important aujourd'hui de clarifier les règles et les rôles. Les enfants veulent être écoutés et que les adultes tiennent leur parole. Les parents, eux, veulent être entendus et obéis. On doit trouver ensemble une éducation bien comprise qui allie une règle structurante et une nécessaire liberté individuelle.

C'est une grande exigence. Chacun (école, famille, association, centre de loisirs, marchand de jouets) se dit soucieux du « bien-être » de l'enfant et de son développement harmonieux. Idée généreuse et nouvelle, qui témoigne d'une avancée considérable. Mais éduquer reste complexe. Le quotidien, parfois ingrat. Le désir de bien faire et d'être un parent parfait se transforme souvent en culpabilisation, découragement, au lieu d'être un moteur dynamique. Combien de parents et d'éducateurs ne manifestent-ils pas leur angoisse, leur désarroi, leur souffrance face à une tâche éducative jugée de plus en plus difficile, ne pouvant prendre appui sur les traditions antérieures ? Face à des exigences de plus en plus élevées, comment être de « bons » parents ?

Les différents styles éducatifs

L'évolution des modes éducatives et des conseils des pédagogues a amené chaque famille à se déterminer. Aujourd'hui, plusieurs modèles cohabitent. Les deux premiers ont les défauts de leurs excès.

Le modèle « autoritariste »

C'est le modèle traditionnel et hiérarchique. Le chef de famille décide de tout et pour tous. Il cumule le savoir et le pouvoir. Le système éducatif inclut les punitions, voire les châtiments corporels. Les enfants se sentent peu respectés, peu soutenus et accablés par une exigence excessive. Dans une telle ambiance, il n'y a pas de place pour l'acceptation, le choix ou l'affirmation de la personnalité de chacun. L'enfant n'a pas la libre disposition de ses goûts et de ses besoins. Il manque de moments de liberté sans contrainte imposée. Les interdits incessants induisent de la culpabilité et des attitudes de défense, de soumission ou de révolte.

Les résultats d'une telle éducation, difficile à tenir aujourd'hui, peuvent paraître favorables en surface. Les parents sont en charge de leurs enfants : ils ne démissionnent pas devant les difficultés. Ils ont compris que l'autorité fait partie intégrante de l'éducation. Les enfants sont souvent bien élevés, polis, travailleurs, etc. Mais leur personnalité est parfois perturbée. Ils manquent de confiance en eux.

L'excès de règles imposées de l'extérieur empêche les enfants de se construire des règles intérieures, et celles qu'ils ont intériorisées sont d'une grande rigidité. Ainsi, l'adulte à qui l'on a imposé toute son enfance un respect absolu de l'heure peut développer soit un comportement similaire, avec des manifestations d'angoisse en cas de retard imprévu, soit un comportement inverse de rejet l'amenant à être systématiquement et pathologiquement en retard.

Sans liberté, il n'est pas possible d'apprendre à faire preuve de discernement, de réaliser des expériences créatives ou de tirer parti de ses propres erreurs.

Le modèle « permissif »

Dans cette famille, ce n'est plus l'adulte mais l'enfant qui décide pour sa vie. Il est son propre maître. Rien ne vient le détromper dans sa conviction première qu'il est au centre du monde et que tout lui est dû. Il ne demande pas, il exige. Ses choix sont illimités et contradictoires. Les adultes sont à sa disposition.

Ce qui caractérise ce style éducatif, c'est avant tout l'absence de limites mises à la toute-puissance de l'enfant. Tout lui est proposé, rien ne lui est imposé, pas plus de finir sa viande que de se coucher à une heure précise.

L'enfant élevé de cette façon est souvent épanoui extérieurement, mais intérieurement anxieux. Il ne peut pas être sécurisé, puisqu'il ne sent pas d'adultes « en charge » au-dessus de lui et se montrant capables de le guider et de lui éviter les erreurs les plus graves. Lui non plus ne sera pas à même de prendre des responsabilités, n'ayant jamais été confronté aux conséquences de ses actes. C'est souvent l'enfant infernal d'une mère pleine de bonne volonté mais débordée et excédée, poussant sans cesse plus loin la provocation en attendant qu'on veuille bien lui expliquer ce qui est admissible et ce qui ne l'est pas.

Le modèle « communicatif »

Il s'agit d'une variante récente et sympathique. Le mode éducatif se fonde sur deux idées fortes :

– le bébé est une personne avec laquelle il faut compter ;
– il comprend tout et il est de bonne volonté.

Donc un bon apprentissage des méthodes de communication va permettre d'éduquer l'enfant par la parole et la raison. On va lui expliquer le pourquoi des interdits et, grâce à cette compréhension, l'enfant va modifier son comportement. Le bon côté de ce modèle est le respect que cela nécessite de la part des parents. Ils prennent garde aux besoins et aux désirs de l'enfant. Ils apprennent à communiquer de manière claire et convaincante, limitant les « non », refusant les fessées, développant leurs qualités d'écoute.

Le problème, avec ce modèle, c'est qu'il ne marche qu'avec les enfants faciles à élever, qui auraient bien grandi de toute façon. Les parents deviennent diplomates et apprentis psychologues, mais oublient leur compétence à faire preuve d'autorité, ce qui va se révéler indispensable un jour ou l'autre. Autant c'est nécessaire d'expliquer à l'enfant le pourquoi d'un interdit, autant il ne faut pas attendre de lui qu'il s'y plie pour cette raison. Comment un enfant qui n'a pas l'âge de raison se comporterait-il « raisonnablement » ? Le jeune enfant a de nombreuses raisons d'obéir, et la réflexion n'est certes pas la plus contraignante. Croyez-vous que vous pouvez obtenir d'un enfant qu'il se lave les dents ou fasse ses devoirs, juste en communiquant correctement ? Croyez-vous qu'un petit de deux ans va renoncer à mettre ses doigts dans la prise de courant parce que vous lui aurez expliqué les dangers de l'électrocution, ou qu'il finira son assiette, convaincu « qu'il faut manger pour grandir » ? Bien sûr que non. Les parents qui appliquent cette méthode sont souvent confrontés à des situations où celle-ci se révèle insuffisante. Dans ce cas, ils se résolvent à l'autorité avec une forte culpabilité ou se révèlent trop permissifs. Communiquer correctement avec son enfant est indispensable. Mais ce n'est pas une méthode suffisante lorsqu'il y a besoin d'autorité ou de discipline.

L'autre voie : « discipline positive » ou « autorité éclairée »

On aura compris, à la lecture de ces descriptions sommaires et caricaturales, qu'elles n'ont pas mon approbation. Comme tout ce qui est excessif, elles cumulent les défauts malgré une volonté sincère de bien faire. Dans le premier cas, avec le désir de guider les enfants pour qu'ils « tournent bien » et fassent des adultes solides ; dans l'autre, avec le désir de les laisser s'épanouir librement et d'en faire des enfants heureux. La troisième méthode témoigne d'une utopie de la communication parfaite qui réglerait tous les problèmes. Mais les résultats ne sont pas ceux escomptés. Le risque est grand que les enfants ne deviennent pas des adultes pouvant assumer leur rôle dans la société, avec une personnalité riche, solide et chaleureuse. Il existe heureusement un mode éducatif à distance de ces trois-là (et non à « égale distance », ce qui donnerait l'idée d'un simple mélange, quand il s'agit d'un autre état d'esprit). Une attitude parentale résolue mais à l'écoute. Des parents d'abord inconditionnellement affectueux, sachant communiquer avec respect et se faire comprendre de leurs enfants, mais aussi capables d'exiger ou d'interdire lorsque c'est nécessaire.

C'est cette voie que je développerai dans cet ouvrage. Elle repose sur une bonne connaissance de son enfant et la création d'un lien affectif solide avec lui.

Les parents doivent-ils être d'accord sur tout ?

Évidemment, rares sont les parents d'accord sur tout concernant l'éducation de leurs enfants, tant cela dépend de l'histoire de chacun. Un père et une mère, ce n'est pas pareil : il est normal qu'ils réagissent différemment. S'il faut être deux pour faire et élever un enfant, c'est bien que de cette différence naisse une richesse : j'aime dire que, comme en musique, un monde en « stéréo » est plus riche et rend mieux la diversité de la vie qu'un monde en « mono ». Pourtant, il est beaucoup plus facile de se faire obéir et d'instaurer une discipline si on est d'accord au moins sur l'essentiel. Plus l'enfant est jeune, plus l'accord est important : mieux vaut parler d'une seule voix. Plus grand, l'enfant peut comprendre qu'il y ait des divergences d'opinion entre ses parents. L'essentiel est de ne jamais le mettre en position de jouer l'un des parents contre l'autre, que ces derniers soient ensemble au foyer ou qu'ils vivent séparément.

Les discussions visant à négocier et définir des règles communes se font au calme, à distance des crises. Certainement pas devant l'enfant. À éviter : désavouer l'autre parent devant l'enfant. « Mais enfin, ne lui crie pas dessus comme cela ! » ou : « Tu pourrais au moins l'empêcher de faire cela ! » sont des réflexions qui mettent le conjoint en position de ne plus pouvoir exercer son autorité.

Définir l'autorité et la discipline

À ce stade de notre réflexion, il est indispensable de se pencher sur le sens des mots et de se mettre d'accord sur ceux-ci, sous peine de malentendus. Pour beaucoup de gens, autorité et discipline renvoient à des méthodes d'éducation réactionnaires, quasi militaires. Les parents commandent et les enfants obéissent, dans le but essentiel d'avoir la paix et que « ça tourne rond ». Pour peu que les nouveaux parents aient eu à subir, dans leur enfance, une éducation un peu trop rigide, ils se promettent bien de ne pas la reproduire. Si bien qu'ils vont évacuer, dans l'éducation qu'ils donnent à leur enfant, les notions d'autorité et de discipline. Je voudrais leur montrer que c'est bien dommage. D'une part, parce qu'il est difficile d'éduquer correctement un enfant « normal » (c'est-à-dire normalement exigeant et autonome) en se passant d'une autorité utilisée à bon escient, sous peine de se laisser vite déborder, ce qui est fréquemment le cas aujourd'hui ; le phénomène des enfants rois et des enfants tyrans ne fait que commencer.

D'autre part, parce que ces mots, une fois débarrassés de leur connotation autoritariste, se révèlent être de beaux mots, riches de sens et d'indications sur la juste manière d'éduquer.

Discipline

Le sens de ce mot a bien changé au cours des siècles, et heureusement. Autrefois, on appelait une discipline (du latin *disciplina*) un petit fouet utilisé pour se flageller et se mortifier ! Aujourd'hui, le mot « discipline » a le sens d'instruction, de direction morale, d'influence. Il définit également l'ensemble des règles instituées dans un lieu donné. Discipliner, c'est bien sûr plier celui qui est en face à une rigueur intellectuelle ou morale, c'est donc l'éduquer au sens fort du terme. Mais discipliner, c'est aussi former, au sens de « faire des disciples », le disciple étant celui qui reçoit un enseignement, dans le but de grandir et de devenir adulte à son tour.

Enfin, la discipline dans l'éducation doit conduire à l'autodiscipline. On forme l'enfant à des conduites, à des comportements adaptés, afin qu'un jour il soit à son tour capable de se les imposer à lui-même, souvent pour le restant de sa vie. À trois ans, les parents doivent insister pour que leur enfant se lave régulièrement les dents, par exemple. C'est loin d'être un comportement inné et spontané chez l'enfant ! Mais, une fois le comportement intégré par la discipline, l'autodiscipline prend le relais. Il n'est plus besoin de rappeler l'enfant, puis l'adolescent ou l'adulte à l'ordre : il a intégré une discipline d'hygiène. C'est la même chose pour les attitudes morales.

Autorité

Ce mot vient du latin *auctor* qui signifie « auteur », mais aussi « garant ». Celui qui a l'autorité, c'est « celui qui accroît », « celui qui fonde », « celui qui est à l'origine des choses et en est responsable ». *Avoir l'autorité*, étymologiquement, c'est avoir le droit de commander, mais c'est aussi être celui qui aide à se développer, à grandir et à se construire. Cette autorité repose sur la confiance, sur la certitude d'être aimé et sur le calme.

Faire autorité, c'est être la référence, le modèle, l'exemple, le guide. On retrouve la notion du maître formant des disciples.

Avoir l'autorité, c'est être responsable. Or, celui qui est responsable, toujours selon l'origine du mot, c'est celui qui répond. On entend souvent dire que les parents sont responsables des difficultés de leurs enfants. Oh ! oui, ils le sont, mais pas au sens où ils seraient coupables. Ils sont responsables, parce que c'est toujours à eux qu'il appartient de répondre de leur mieux et de faire face.

Responsabilité vient du verbe latin *sponsio, spondere* : se porter garant, promettre, s'engager. À la fois pour l'autre et devant la loi.

Celui qui « a l'autorité », on le comprend bien, c'est donc celui qui a le pouvoir de dire non. Mais la même racine latine a donné le verbe « autoriser », qui lui signifie le droit de dire oui…

Ce qui m'intéresse dans ces définitions, c'est la notion d'auteur et de fondateur. Comment alors être parent sans assumer pleinement cette fonction d'autorité (ce qui ne signifie pas ni n'impose d'être « autoritaire », je pense qu'on l'aura compris) ? Comment être responsable du devenir de ses enfants, ce que l'on devient de fait en les mettant au monde, sans accepter pleinement d'être celui qui dit oui et qui dit non, qui autorise et qui interdit, garant de la sécurité et du développement de cet humain en devenir, même si, pour cela, il faut lui déplaire ?

Transmission

Avoir l'autorité, c'est aussi transmettre. Les parents ont beaucoup de choses à transmettre à leurs enfants.

• *L'histoire de la famille*

Il est important de transmettre aux enfants leurs racines, leur histoire, celle des deux familles dont ils sont issus. Il est toujours bon de raconter l'histoire de la famille, sa culture, ses racines. On peut se faire aider des grands-parents et des albums de photos, raconter des anecdotes, situer l'enfant sur un arbre généalogique. L'essentiel est de ne jamais oublier que l'enfant se situe au croisement de deux branches, car c'est de là que vient sa stabilité. Si on sait peu de choses sur la famille du père ou de la mère, ce n'est pas grave, on parle de ce que l'on sait. Seul un silence volontaire serait ennuyeux.

Enfin, on parle aussi à l'enfant de sa propre histoire : la rencontre de ses parents, leur désir d'enfant (ou la surprise), la naissance, les anecdotes autour de sa petite enfance. Tout n'a pas besoin d'être dit, le gênant peut demander de la simplicité et de la diplomatie : l'enfant a surtout besoin d'entendre parler d'amour.

• *Les projets formés pour eux*

Tous les parents ont rêvé leur enfant, avant sa conception, pendant la grossesse, encore maintenant. Ils ont pour lui des projets, même s'ils ne sont pas clairement explicités. Ce projet, quand il n'enferme pas l'enfant dans un destin préécrit pour lui, est un souffle d'amour qui le porte et l'encourage. Bien sûr, certains projets emprisonnent : ils se transforment en contrainte ou en obligation morale. Je me souviens de l'histoire d'un papa, lui-même polytechnicien, qui avait de sa main brodé un X sur le bavoir de son bébé...

Mais, le plus souvent, les projets des parents évoluent au fil des années, grâce à la confrontation avec l'enfant réel. Certains s'effacent, d'autres concernent un lointain avenir (« Quand tu auras toi-même des enfants... »). Ces projets ont joué leur rôle, qui est de faire sentir à l'enfant qu'il est aimé de ses parents : il occupait déjà leur espace psychique avant de naître, ils ont désiré pour lui le plus beau, ils l'ont voulu le plus grand, ils lui font confiance.

Si les parents sont capables d'aimer totalement leur enfant, sans déception, même s'il n'incarne pas leur projet, alors celui-ci est un moteur puissant pour l'enfant.

• *Des valeurs*

C'est le rôle des parents de transmettre les valeurs auxquelles ils croient et qu'ils s'efforcent d'incarner. Non pour que les enfants y adhèrent telles quelles, mais pour qu'ils puissent s'y référer, en discuter, les comparer, les critiquer ou les adopter. Afin qu'ils soient en mesure, eux si instables à l'adolescence, de se repérer par rapport à une ligne morale stable et cohérente.

Les parents qui pensent que les enfants sont naturellement bons et qu'ils deviendront spontanément des citoyens raisonnables et des humains altruistes et responsables se trompent. Quelles que soient les valeurs qui comptent à leurs yeux, elles font partie de l'éducation à donner aux enfants. Ni l'école ni la télévision ne s'en chargeront. Transmettre des valeurs suppose deux choses :

– vous savez ce qui est important pour vous, ce à quoi vous croyez. Vous êtes capable de faire une liste des comportements à promouvoir et de ceux à éviter. Les choses sont dites, pas seulement sous-entendues. N'ayez pas peur de la répétition ;
– vous vous efforcez de les incarner. À quoi servirait de valoriser l'honnêteté, par exemple, exigeant de votre enfant qu'il rende ce qu'il a emprunté il y a longtemps, alors qu'il vous voit, chez un commerçant, « oublier » de signaler une erreur de monnaie en votre faveur ? Plus vous vous montrerez épanoui dans votre vie et dans vos choix, plus vos valeurs seront crédibles aux yeux de vos enfants.

Voici quelques valeurs que j'ai pu repérer chez moi et autour de moi (seulement à titre d'exemples, parce que c'est à chacun de définir ce à quoi il croit !).

La confiance. On dit ce qu'on fait et on fait ce qu'on dit. La parole a une valeur. On peut se croire sur parole.

La responsabilité. On assume la responsabilité et les conséquences de ses actes, sans se défausser sur les autres.

Le travail scolaire et les tâches. On fait ce qu'on a à faire, avec suffisamment d'énergie pour le réussir. Ce qu'on fait, on le fait bien. On prend la scolarité au sérieux. On participe aux tâches ménagères.

Le respect envers les adultes. On parle correctement à ses parents, ses enseignants, etc. On se lève pour laisser s'asseoir une personne âgée. On s'excuse de ses erreurs. On est ponctuel.

La persévérance. On n'abandonne pas quand cela devient difficile et pour cette seule raison. On demande de l'aide, on s'obstine, on fournit l'effort nécessaire pour aller au bout de son projet.

La santé. On prend soin de son corps. Ce qui implique de se nourrir correctement, d'avoir une activité physique régulière, de ne pas forcer sur les médicaments, d'éviter drogues, alcool et tabac.

• *La loi*

Si les parents ne se chargent pas d'apprendre la loi à leurs enfants, qui le fera ? Et que serait un monde où les hommes ignoreraient totalement les lois censées les gouverner ?

Pour que l'enfant devenu grand puisse à son tour s'insérer dans la société, il faut qu'il soit capable d'appliquer des règles, de se discipliner, de freiner ses désirs et ses pulsions. Il n'existe pas de rapports sociaux sans contraintes. Il se trouve que l'être humain est le seul mammifère capable de contrôler ses pulsions, c'est-à-dire de se retenir de faire certaines choses, même s'il en a soudainement un désir violent. Donc la loi et ce qui va avec – la frustration – est ce qui fonde notre accession à l'humanité. Si les parents cessent de faire le travail de transmettre la loi et d'apprendre à leurs enfants la frustration, c'est la société qui s'en chargera. Le pénal prendra la relève de la morale. S'il n'y a pas de transmission de la loi et du respect de la loi, alors s'instaure durablement le règne de la toute-puissance infantile : « Je fais ce que je veux, où je veux, quand je veux », que l'on peut nommer aussi : « Tout, et tout de suite. » Grandir, c'est savoir que l'on peut avoir un peu tout de suite ou plus dans le temps, mais rarement tout. Donc apprendre à patienter et limiter son désir.

Souvent, les parents « en difficulté d'autorité » demandent aux professionnels ce qu'ils doivent interdire. Il ne convient pas que le professionnel plaque ses propres valeurs. Les vôtres valent les miennes. Il y a cependant une réponse claire et indispensable qui peut être apportée à cette question : la loi républicaine. Cela doit être imposé à l'enfant. Pour le reste, les parents sont auteurs et responsables. Il est évident qu'il y a des lois que les parents doivent enseigner et les enfants apprendre. S'appuyer sur ces lois peut beaucoup aider les premiers à installer leur autorité.

Stephen a deux ans et demi. Depuis qu'il a compris comment défaire sa ceinture de sécurité, sa mère ne peut rouler cent mètres sans entendre le cliquetis caractéristique : Stephen a défait sa ceinture. Elle arrête la voiture dès que possible et dit clairement : « Tant que tu n'auras pas mis ta ceinture, nous ne repartirons pas. C'est la loi. Moi aussi je mets la mienne. Tout le monde doit respecter la loi. Sinon, l'agent de police peut me punir. Donc tu attaches ta ceinture de sécurité et tu la gardes. » Bien sûr, l'information sur la protection que représente la ceinture est également utile afin de donner du sens à la loi. Il s'agit de montrer à l'enfant que la loi est importante et qu'elle s'impose à tous.

Laura a quatorze ans. Elle dit à sa mère : « Tu me laisseras sortir aussi tard que je veux. Parce que si tu m'en empêches, je vais devenir tellement infernale que tu finiras par craquer. » À quoi sa mère, s'appuyant sur la loi, lui a répondu : « Je ne craquerai pas. Tu ne sortiras pas la nuit. Non parce que c'est mon bon vouloir. Mais parce que c'est la loi. Elle m'oblige à surveiller tes sorties. Cela fait partie des devoirs des parents. Si je ne le fais pas, je peux avoir affaire à la justice. »

Il est étonnant de constater à quel point ce genre de discours est bien accepté par les enfants. Ils sentent qu'ils ont affaire à plus fort et plus grand qu'eux. Ce ne sont pas seulement leurs parents qui leur imposent leur bon vouloir (eux, on pourrait essayer de les influencer ou de les manipuler…), mais la société qui a décidé pour tous les enfants comme eux.

Les différentes sortes de lois

Il existe différentes sortes de lois que l'on doit enseigner aux enfants. Elles vont du plus général au plus particulier.

• *Les lois naturelles* (manger, dormir, la propreté, l'interdit de l'inceste…) Elles sont communes à tous les êtres humains, parfois propres à nos civilisations. Elles régissent nos comportements de base. Certaines sont biologiques. Ce sont celles que vous transmettez à votre enfant lorsque vous lui dites que : « Il faut manger pour bien grandir », « Il faut dormir suffisamment pour être en forme demain. » D'autres sont culturelles, mais quasiment universelles, comme l'interdit de l'inceste, le respect de la propriété privée ou l'interdit de régler ses différends à coups de poing.

• *Les lois sociales, républicaines*

Ce sont celles dont nous avons parlé précédemment, celles du code pénal que « nul n'est censé ignorer ». Alors autant commencer rapidement à les enseigner, par l'exemple essentiellement. Les occasions ne manquent pas dans la vie quotidienne pour expliquer aux enfants qu'il faut traverser sur les passages piétons, ne pas voler ou aller régulièrement à l'école. Une de ces lois définit clairement que les parents « ont autorité sur leurs enfants ».

• *Les lois culturelles et religieuses*

Selon la communauté à laquelle les parents appartiennent, ils choisissent librement de se soumettre à certaines lois (ou règles), tantôt explicites tantôt implicites, qui définissent et soudent le groupe. Cela peut être une manière de se vêtir ou de se comporter, une tradition respectée par tous, un interdit alimentaire lié à une religion, etc.

• *Les lois familiales*

Ce sont les règles qui régissent la vie familiale. Elles sont le plus souvent définies par les deux parents ensemble, tenant compte de leurs éducations, de leurs habitudes et de leurs désirs respectifs. Leur variété est infinie. Citons, pour exemple : « Chez nous, chacun fait son lit le matin », « Tant que tu seras sous mon toit, tu ne me parleras pas sur ce ton », « Tous les soirs, une histoire ! », « Le dimanche midi, on mange chez mamie », etc.

LIMITES ET INTERDITS

Les limites et les interdits n'ont pas été inventés dans le seul but d'embêter les enfants ou d'aider les parents à les contenir. Dispensés de manière adéquate et raisonnable, ils sont indispensables au bon développement de l'enfant et à son équilibre. Quoi qu'aient pu en penser certains, il n'y a pas d'éducation digne de ce nom sans limites et interdits. S'en dispenser serait ne pas respecter l'enfant, ni le préparer à un avenir, mais le laisser grandir comme une herbe folle, offert au vent de tous les dangers.

Mettre des limites : pourquoi ?

L'enfant est comme un jeune cheval fougueux et enthousiaste. Il veut tout découvrir, tout explorer, courir partout. Sans limites mises à son comportement, il prendrait des risques trop importants, que ses parents ne peuvent pas lui laisser courir. Que penser de parents qui, au nom de la liberté, laisseraient leur enfant de six ans jouer avec son vélo dans la rue jusqu'à 23 heures ou manger des glaces jusqu'à s'en rendre malade ? Ces exemples-là paraissent évidents : une part de la difficulté tient justement à savoir où placer les limites. L'autre consiste à savoir les faire respecter par un enfant qui rue dans les brancards.

Les limites, comme je les imagine, sont des barrières à claire-voie, des barrières symboliques, qui délimitent un espace plus ou moins grand de liberté et de sécurité. Cet espace augmente (et se négocie) avec l'âge de l'enfant : ce qui était interdit à trois ans peut être normal à cinq ans et dépassé à sept ans.

Ces barrières peuvent être transgressées (la provocation et le désir de l'interdit aidant, elles le seront certainement), mais l'enfant sait que, au-delà de ces limites, il prend des risques. Il va se trouver confronté à des choses pas toujours simples ni agréables, dont il va devoir assumer les conséquences. Conséquences soit naturelles, soit dues aux réprimandes. Le message véhiculé par la limite est clair : « Jusque-là, tu es en sécurité. Tu es protégé. Tu ne te fais pas punir. Au-delà, attention. Voilà ce que tu risques. » Par exemple : « Tu as le droit de sortir jusqu'à 10 heures. Si tu rentres à cette heure-là, tout va bien. Si tu dépasses l'heure, tu n'auras pas le droit de sortir la semaine prochaine. » Ou bien : « Tu devrais arrêter de manger du chocolat : si tu continues, tu risques d'être malade. »

La limite sépare deux espaces bien définis et les règles de son franchissement doivent être claires. Source de contrainte, elle est aussi source de liberté, car elle définit l'espace des comportements acceptables où l'enfant peut s'ébattre librement.

La valeur de l'interdit

Elle est multiple. J'en aborderai juste quelques facettes parmi les plus importantes.

– Le jeune enfant qui ne serait pas confronté à l'interdit ne serait jamais détrompé dans l'illusion de sa toute-puissance. Sans frustration, pas de manque. Sans manque, pas de désir. Mais pas non plus d'humanité. C'est le manque qui nous amène au langage, à la relation, à sortir de notre égoïsme, à nous dépasser, à nous motiver. Si tout était permis, de quoi pourrions-nous bien avoir envie ? Cette analyse nous renvoie également à la situation de nombreux adolescents comblés et blasés, englués d'ennui, impossibles à mobiliser, qui ont « tout » et ne désirent rien.

– L'interdit protège du danger. L'enfant doit sentir que ses parents, affectueux, ne l'autorisent pas à sortir de façon déraisonnable des limites qu'ils ont fixées pour sa sécurité. Il va de soi pour tous les parents qu'ils vont interdire de monter sur le rebord de la fenêtre ou de jouer avec un couteau. L'interdit est sécurisant pour l'enfant. Cela lui donne confiance en lui de sentir que quelqu'un veille, quelqu'un qui sait ce qui est bon pour lui, qu'il y a un garde-fou.

– L'interdit aide l'enfant à se construire sur le plan psychologique. Le jeune enfant est angoissé par son propre pouvoir et exprime son besoin de contrôle en accentuant un comportement négatif, dans l'espoir qu'on lui mette des limites. Il est souvent plus facile de le laisser faire. Mais, s'il n'a pas rencontré de fermeté et d'interdit, l'enfant aura tendance à fuir les contraintes, à se montrer exigeant et anxieux. En effet, la fermeté aide à se défendre contre l'angoisse et favorise une personnalité forte et un bon contrôle de soi.

– L'interdit prépare à la vie en société. Donner à l'enfant l'idée que les non peuvent, avec un peu d'insistance, se transformer en oui, cela peut fonctionner dans le cadre familial, mais promet un réveil difficile. Car les lois de la société ou de l'école sont les mêmes pour tous. L'enfant apprendra dans la douleur, avec beaucoup moins de tendresse que si les parents s'en chargent, que la vie n'obéit pas à ses désirs (même s'il fait une grosse colère !).

– Pour se construire, l'enfant a besoin d'un cadre, de quelqu'un à qui s'opposer, qui tienne fermement ses positions malgré les coups de boutoir, et non qui fluctue au gré des événements. L'enfant se construit, en partie, en s'opposant.

– L'interdit prépare également à la vie future dans la mesure où il incite l'enfant à se projeter dans l'avenir.

« L'année prochaine, j'aurai le droit de me coucher plus tard », ou le grand classique : « Quand je serai majeur, je ferai ce que je voudrai ».

Toutes ces raisons qui valorisent l'interdit sont destinées à soutenir les parents dans leurs décisions éducatives. Pas à convaincre les enfants. Il est évident que l'enfant va réagir négativement à l'interdit et à la frustration. Ce serait trop beau qu'il réponde : « Tu as raison de m'empêcher de voir ce film, papa, je me range à tes arguments, merci de prendre si bien soin de moi… » Non seulement il va insister, mais il va argumenter, protester, piquer une colère ou faire la tête, selon son âge et son caractère. Le conflit est parfois inévitable. Cela ne signifie pas que l'enfant est malheureux, ni que l'interdit était injuste ou excessif. En posant des limites, l'adulte est dans son rôle. En protestant, l'enfant est dans le sien.

Il faut savoir que la contrariété qu'il ressent, pour être réelle, n'en est pas moins superficielle. En profondeur, il est rassuré. Il sent qu'il a en face de lui des adultes solides et sûrs d'eux. Ils peuvent donc le protéger dans ce monde vaste et effrayant. L'enfant se sent sécurisé et guidé par des parents qui connaissent les lois de la vie et ses dangers. Oui, il est frustré mais, au fond de lui, il se sent aimé et protégé. Il sait intuitivement que, si ses parents posent des limites et des interdits, c'est contre son plaisir immédiat, mais pour son bien à plus long terme.

Un dernier point : tout ce qui précède est valable à condition évidemment que les règles tiennent compte des besoins de l'enfant et que les interdits soient limités et raisonnables. Il ne s'agit nullement d'écraser l'enfant, de lui imposer une soumission passive ni d'exiger de lui une obéissance immédiate et absolue.

Pourquoi les limites sont-elles devenues plus difficiles à poser ?

Depuis une dizaine d'années, il me semble que la souffrance la plus importante des parents dans l'exercice de leurs tâches parentales tient à leur difficulté à imposer leur autorité à leurs enfants. Ils sentent bien que ce n'est pas simplement que l'enfant prenne le dessus et qu'il ait le dernier mot, mais ils sont impuissants à changer les choses. Il est difficile d'admettre pour certains qu'ils ont un petit tyran à la maison, dont ils ne peuvent venir à bout. La culpabilité n'est pas loin.

Essayons de comprendre ce qui rend la discipline si difficile à établir.

Le monde a changé

• *Les règles de l'éducation*

Elles ont tellement changé depuis cinquante ans que les parents ne savent plus à quel système se référer. L'éducation qu'ils ont eux-mêmes reçue n'est plus adaptée à un monde qui a évolué plus vite qu'à aucune époque. Les conseils des grands-mères leur semblent démodés. Les conseils des pédagogues sont contradictoires. Discipliner un enfant est d'autant plus facile qu'on se montre tranquille, convaincu et sûr de soi. Ce que les parents d'aujourd'hui ne sont pas.

On l'a vu plus haut : l'enfant est devenu une valeur forte de notre société. Tout lui est dû. C'est vraiment « le Roi Bébé ». Son épanouissement obligatoire lui accorde une place tellement privilégiée que la question des limites et du respect est devenue secondaire. Qui oserait contredire une telle petite merveille ?

• *La vie des femmes*

Notre époque a également vu des changements très importants survenir dans la vie des femmes. Contrôle des naissances, urbanisation importante (entraînant des risques d'isolement social et une diminution du soutien familial), augmentation du taux de femmes ayant une vie professionnelle, augmentation du nombre des divorces, pour n'en citer que quelques-uns. Les femmes se sont trouvées coincées, souvent seules, entre de nombreuses responsabilités importantes et difficilement conciliables. Aux prises avec une forte culpabilité liée à l'idée de faire trop de choses pour toutes les mener à bien. La maman souffre du fait de ne pas profiter suffisamment de ses enfants. Je me méfie plutôt de cette expression que l'on entend partout : il faudrait « profiter » de son bébé. Je crois que, d'un enfant, il ne faut attendre aucun profit. Il nous faut juste apprendre à aimer et à donner, à donner sans retour. Donner ce que l'on porte en soi, tranquillement.

Le fait de se sentir noyé dans un océan de soucis, de responsabilités et de culpabilité n'est pas le meilleur état d'esprit pour être un bon éducateur. La mère perd confiance en elle, dans ses compétences d'éducatrice. L'enfant, de son côté, sent vite la faille et en profite largement.

Je ne veux pas dire que seules les femmes sont en difficulté quand il s'agit d'exercer son autorité, loin de là. Mais elles sont globalement plus concernées par la multiplication des responsabilités et par la culpabilité. En outre, il apparaît qu'elles sont moins soutenues dans cette tâche par les hommes qu'elles ne l'étaient dans les générations précédentes. Souvent, ils ne veulent plus de ce rôle.

• *Le manque de temps*

Dernier changement important, le manque de temps qui semble devenu une caractéristique de notre époque, réduction du temps de travail ou non. Les pères comme les mères courent après le temps pour gérer à la fois la vie professionnelle, le foyer, les loisirs, les enfants, etc. Or discipliner un enfant demande du temps et de la disponibilité. Pour que cela fonctionne, il faut que les règles imposées s'inscrivent sur un fond de confiance et d'affection réciproque, d'échanges riches, de plaisirs communs. Pour tout cela, il faut partager avec ses enfants un temps de qualité.

Quand on sent qu'on a trop peu de temps à passer avec son enfant, on privilégie le temps de plaisir, et c'est bien normal. C'est ce que disent beaucoup de papas divorcés, qui n'ont leurs enfants qu'un week-end sur deux : « Je le vois si peu, ce n'est pas pour me fâcher avec lui. Alors tant pis s'il n'a pas fini ses devoirs ou s'il veut reprendre une glace. Je préfère dire oui et qu'on se sépare sur un gros câlin, plutôt que d'affronter une crise de larmes. Au moins, il est content de revenir ! »

L'envahissement du psychologique

Peu à peu, les livres de vulgarisation de psychologie sont devenus des succès de librairie et les magazines féminins ou familiaux se sont remplis d'articles de psychopédagogie. Tous les parents se sont équipés d'un « kit de survie psychologique », sorte de b. a. ba simpliste et souvent dangereux. Les pratiques parentales sont devenues des pratiques « psychologisantes » à base de : « Tout se joue avant six ans », « Il faut tout expliquer aux enfants », « Le bébé comprend tout », « Tout enfant est un surdoué en puissance », etc. Le bon parent n'est plus celui qui éduque et qui pose les règles, mais celui qui écoute et qui éveille, qui comprend et qui explique, qui a l'intuition et l'humour, qui parle et qui convainc.

Ces compétences ne sont évidemment pas données à tout le monde. Ceux qui ne les possèdent pas ont simplement mémorisé qu'ils n'avaient plus le droit ni d'élever leurs enfants comme eux-mêmes l'avaient été, ni celui de se fier à leur bon sens de parents. Il y avait un savoir, repris par les professionnels de la crèche ou de l'école, qui les disqualifiait en les mettant à l'écart.

La séduction a remplacé l'autorité

Notre société est de plus en plus dure, stressante, compétitive et frustrante. C'est au foyer, dans le milieu familial, que les individus vont chercher la douceur et l'affection. Le couple est devenu fragile et répond moins à cette demande, la famille élargie est souvent loin. Il y a un nombre considérable de parents seuls, essentiellement des femmes, dont les enfants sont la seule source de tendresse et d'amour. Il n'est pas étonnant qu'ils n'aient pas envie de se fâcher le soir. Pas étonnant que le « Fais ça ! » de la génération précédente soit devenu : « Fais ça pour me faire plaisir », « Tu sais que tu me fais tellement plaisir quand tu fais cela… » Du coup, l'enfant va se construire sur le principe de plaisir et non sur le principe de réalité (« Je fais cela parce que cela doit être fait »). En conséquence, il va se mettre, lui aussi, à réclamer fortement ce qui lui fait plaisir. Mais cette structure fondée sur l'attachement et ce besoin de recevoir de l'amour peuvent avoir des conséquences graves, dès lors qu'il s'agit de séduire plutôt que d'exiger. Les excès permissifs, la confusion des générations, les abus de tendresse et les relations fusionnelles ne sont pas loin.

« Viens faire un baiser à maman. Hein que tu l'aimes, ta maman ? » L'enfant est piégé.

Ces parents qui ont besoin d'amour

Discipliner un enfant, cela a un prix que certains parents ne veulent pas ou ne peuvent pas payer.

Le prix à payer

Il est de quatre ordres.

• *Le temps*

Comme nous venons de le voir, il est d'autant plus facile de discipliner un enfant que cela s'inscrit dans le cadre d'une relation chaleureuse et tolérante. Mieux on connaît son enfant parce qu'on a passé beaucoup de temps avec lui, et plus c'est facile de savoir comment lui imposer telle ou telle chose. Tenir compte de sa personnalité est important.

Le temps joue aussi à un autre niveau : pour que les nouvelles habitudes, celles que les parents jugent désirables, se mettent en place, il faut y passer du temps, au moins au début. Être sur le front à chaque fois. C'est le seul moyen de ne plus avoir à s'en occuper. On y gagne donc sur le long terme. Mais à court terme, il faut intervenir chaque fois. Prenons l'exemple classique de l'enfant qui saute sur le canapé, au risque de casser les ressorts. Si vous intervenez fermement et systématiquement, ce comportement cessera. Si vous n'intervenez qu'une fois de temps en temps, quand vous êtes énervé, et pas du tout quand vous êtes fatigué, ce comportement va se maintenir.

Ce qui nous amène au second prix à payer.

• *Le courage*

Il en faut pour fournir les efforts nécessaires au « non ». C'est tellement plus facile de dire oui à son enfant et de voir la joie briller dans ses yeux ! Il faut aussi du courage pour établir clairement ce que l'on veut pour son enfant et pour tenir le cap jour après jour, quelles que soient la fatigue et la pression. Courage, mais aussi conviction, suite dans les idées, cohérence, patience, enthousiasme, amour inconditionnel… Et on s'étonne que ce soit difficile !

• *La réaction de l'enfant*

Beaucoup de parents voudraient non seulement que leur enfant se comporte comme ils le lui demandent, mais en plus qu'il soit d'accord avec cela. C'est tout simplement impossible. Vouloir que votre enfant aime la discipline et les limites que vous lui imposez est utopique et va sérieusement vous compliquer la tâche. Ce retour-là, vous ne l'aurez, peut-être, que dans vingt ans.

Soyez réaliste. Si votre enfant vous écoute et semble d'accord pour bien se tenir en toutes circonstances, parfait, tant mieux pour vous. Mais il est bien plus vraisemblable qu'il proteste, crie et boude. Parler, parler, parler dans le but de le convaincre que votre attitude est la bonne ne témoigne que de votre incertitude. Jamais il ne vous dira merci sur le moment. Ne discutez pas trop, n'espérez pas emporter une adhésion raisonnable : c'est du rêve.

• *Le conflit*

Il n'y a pas d'éducation sans conflits, quel que soit le désir qu'on en aurait. Même si vous voulez à tout prix les éviter, votre enfant vous poussera à bout jusqu'à y parvenir. Il a besoin de se mesurer à vous, de savoir qui est plus fort et jusqu'où vous êtes prêt à aller. Ce n'est ni bien ni mal, c'est comme ça. D'accord, ce n'est pas la relation dont vous rêviez, d'accord, quand vous revenez chez vous le soir, c'est pénible de devoir entrer dans un rapport de forces, mais c'est parfois inévitable. L'important n'est pas d'avoir un conflit, mais de le limiter en quantité et en intensité, et que chacun sache en sortir et tirer un trait.

Vouloir à tout prix être aimé

Mettre des limites au désir de « sa majesté le bébé », comme disait Freud, n'est pas une mince affaire. C'est souvent culpabilisant, angoissant. Cela demande peut-être de ne pas avoir trop besoin d'être aimé à chaque instant par son enfant, mais d'agir pour lui sur le long terme, même si cela suscite brièvement son agressivité. Michèle est divorcée et maman d'un petit garçon de quatre ans. Elle est venue me consulter en me disant : « J'ai un problème : mon enfant ne m'aime pas. – Comment le savez-vous ? – Il me le dit. » Elle était véritablement inquiète, craignait que son fils la rejette et, du coup, ne demande à aller vivre avec son père. Cette jeune maman avait tout perdu lorsque son mari avait demandé le divorce : elle avait dû quitter la grande maison qui appartenait au mari pour laisser la place à une autre femme. Son fils vivait avec elle dans un deux-pièces, et adorait, bien sûr, retrouver sa chambre et sa balançoire dans la maison de papa. Cette femme était très isolée socialement. En dehors de son travail, elle se consacrait entièrement à son fils. Il était donc très important pour elle que ce petit garçon lui donne de l'amour : c'était la garantie qu'il resterait près d'elle, la garantie qu'elle était une bonne mère, et le seul amour qu'elle recevait.

J'ai eu, comme tous les professionnels, bien d'autres occasions de constater que la demande d'amour des parents envers leurs enfants était devenue très importante et qu'elle entraînait des biais évidents dans leur manière d'être parents, notamment dans la crainte du conflit.

Dans ce domaine affectif aussi, les choses ont beaucoup évolué. Il n'y a pas si longtemps, du temps de notre enfance, les rapports familiaux étaient fondés sur la loyauté et l'esprit de famille, pas sur les liens affectifs. Quand un père de famille exigeait le silence à table ou qu'il se fâchait pour une mauvaise note, quand il donnait une fessée pour une bêtise, il ne se demandait pas s'il risquait d'être moins aimé de ses enfants. C'était même le dernier de ses soucis : il voulait éduquer et transmettre. Il voulait être respecté.

De même, les parents ne disaient pas : « Je t'aime » à leurs enfants. Ces mots étaient ceux de l'érotisme, de la rencontre amoureuse. Qu'ils les aiment allait de soi puisque c'était leurs enfants. Pas besoin de l'énoncer ou de le prouver chaque matin.

Autre temps, autres mœurs. Les chiffres qui suivent sont extraits d'un sondage effectué pour *L'Express* en 1999. Titre de l'article : « Les enfants rendent-ils heureux ? » À la question : « Qu'attendent les parents de leurs enfants ? », les réponses sont les suivantes :

– qu'ils aient l'esprit de famille : 38 % ;
– qu'ils les aiment : 32 % ;
– qu'ils les entourent plus tard : 17 % ;
– qu'ils soient leur complice, leur confident : 15 % ;
– qu'ils soudent leur couple : 8 %.

À la question : « Que craignez-vous le plus ? », les parents répondent :

– que l'enfant soit distant, indifférent : 8 % ;
– qu'il entre en conflit avec eux : 7 % ;
– qu'il ne les entoure pas lors de la vieillesse : 4 %.

Je suis certaine qu'aujourd'hui ces chiffres seraient encore plus élevés.

Les pères et les mères, des besoins différents

Une observation un peu fine oblige à constater des différences dans l'évolution récente du rôle du père et de la mère.

Le père est moins « collé » que la mère à son bébé, du fait qu'il ne l'a pas porté. Il se laisse moins « bouffer », matériellement et psychiquement. Comme le dit une maman : « Mon fils m'étouffe, je me sens coupable de le rejeter donc je n'ose rien lui refuser et, du coup, il me dévore de plus belle. » Dans le fantasme de la mère parfaite, auquel adhèrent beaucoup de mamans, il faut être tout amour et toute disponibilité. Une mère qui ne donne pas tout va se sentir vite coupable. Les enfants sentent cela et se permettent de peser très lourd. Ils ménagent davantage leur père, qui donne moins prise à la culpabilité. Si on dérange papa, il s'enferme. Si on n'est pas sage en promenade, il ne nous emmène plus. Avec maman, tout est possible : on peut la pousser à bout, elle ne nous plantera jamais là. Les mères sont donc les premières victimes de ce besoin d'être aimé et de cette difficulté à imposer.

Mais un autre mouvement va en sens inverse. Beaucoup de pères actuellement ne se sentent plus suffisamment « légitimes » pour imposer leur autorité. Père disqualifié pour des raisons sociales ou psychologiques : père au chômage, père dépassé, père de remplacement. La légitimité de la mère n'est, elle, jamais remise en question : elle permet dès lors de se confronter aux exigences de l'enfant et de poser des limites dans de nombreuses circonstances. Mais c'est difficile, désagréable. Alors elle demande au père d'intervenir. Celui-ci, à l'inverse de son propre père, est soumis à l'espoir que les manifestations de tendresse et de gratitude de son enfant puissent le construire comme parent. Il veut désormais être aimé, alors il préfère faire des cadeaux et jouer plutôt que de rappeler la loi.

Si c'est le regard de l'enfant lui-même qui légitime ses parents par l'affection qu'il leur porte, il diminue d'autant leur capacité à lui dire non.

Les répercussions sur l'éducation

C'est évident : quand on veut avant tout se faire aimer de son enfant, on va éviter de le contrarier. Or l'éducation, c'est souvent imposer à l'enfant ce qu'il ne veut pas faire et l'empêcher de faire ce qu'il veut. Ce qui veut dire lui déplaire, le contrer, devoir affronter sa frustration, sa colère, son agressivité et sa rancune.

Pour avoir l'amour de son enfant en continu, il faut accéder à sa demande et éviter les conflits. Par crainte de perdre l'amour, on reste dans la fusion, dans l'indifférenciation : tout le monde est d'accord, tout le monde s'aime, on est des parents « cool ».

On avait droit à cet enfant, on l'a voulu, il aura tous les droits. Le bébé est encombrant, difficile à satisfaire, mais on l'adore et il va nous adorer : chacun s'interdit donc toute ambiguité émotionnelle. Cela entrave l'autorité sur des enfants qui, après avoir cassé les pieds de leurs parents et de leurs enseignants, arrivent dans les cabinets de psychologues. Ceux-ci tentent de rendre à chacun sa place. À l'adolescence, c'est encore pire. Le souci de se combler mutuellement finit par souder parents et enfants qui ont du mal, le temps venu, à se séparer. Pour ne pas faire de la peine aux parents déjà fragiles, les jeunes hésitent à se révolter ou à partir. Obsédés par le bonheur de leurs enfants, les parents n'exigent rien. Quand on leur demande ce qui caractérise le mieux les relations parents-enfants, les jeunes disent « l'incompréhension » et les parents « la complicité » (à 30 % dans les deux cas). Des conflits ? Pour 94 % des personnes interrogées, il n'y en a quasiment pas.

Le problème, c'est que, à tout âge, l'enfant pour se construire a besoin de s'opposer. Cela lui permet de comprendre justement qu'il ne se situe pas sur un pied d'égalité avec ses parents, qu'ils appartiennent à une autre génération et qu'ils ont autorité sur lui. Les parents fuient le conflit par peur de perdre l'amour. Ce faisant, ils font passer le message qu'ils ne supporteront aucune attaque de sa part sous peine de s'effondrer. Ce n'est pas rassurant pour un enfant de grandir sous la protection de parents aussi fragiles !

Les adolescents ne s'en vont plus, les petits deviennent des tyrans et les parents atterrissent dans le cabinet du psy, perdus, épuisés et coupables.

Les parents aussi ont des droits

C'est à juste titre que les droits des enfants ont été reconnus et préservés. Mais on y a tant prêté attention qu'on a oublié que les parents, dévoués à leurs enfants, ont aussi des droits qu'ils peuvent exercer en toute légitimité. Il est d'ailleurs bon que les enfants le sachent et le respectent : cela les aide à prendre l'autre en compte et à sortir de leur sentiment de toute-puissance.

Même quand on veut être un bon parent, inutile de s'efforcer d'être parfait : dans ce domaine comme dans d'autres, le mieux est l'ennemi du bien. Le sens du sacrifice est inutile, devenir un parent martyr également. Bien sûr, avec l'arrivée des enfants, la vie change. La liberté diminue. Les parents doivent bien souvent, surtout tant que l'enfant est petit, faire passer ses besoins avant les leurs. Mais pas tout le temps, ni dans tous les domaines ni trop longtemps. En faire trop, c'est risquer de finir par s'aigrir et en vouloir à l'enfant, lui reprocher plus tard son ingratitude. C'est aussi en faire un enfant gâté, en lui laissant croire que le monde tourne autour de lui.

Les droits généraux

Les premiers droits que les parents ont sont très généraux. Les enfants en seront vite bénéficiaires également. Citons :

– le droit de prendre les décisions, notamment concernant les enfants, et de commander. J'ajouterais le droit d'être le plus souvent obéis, au moins avec les plus jeunes. Trop de parents doutent du bien-fondé de leur autorité. C'est pourtant à eux qu'elle est confiée, en toute légitimité. Mentionnons aussi le droit de ne pas être toujours parfaitement cohérent et rationnel dans ce qui est demandé à l'enfant, parce que, certaines fois, « c'est comme ça et pas autrement » ;

– le droit à l'erreur. Aucun parent n'est parfait et c'est tant mieux. Il serait étouffant et insupportable pour un enfant d'avoir un parent qui ne se trompe jamais, qu'on ne peut donc jamais critiquer. C'est à vous décourager de grandir ! Le parent, comme tout individu, a le droit de faire des erreurs vis-à-vis de ses enfants. S'il les reconnaît, à lui de les corriger ;
– le droit à l'émotion et à la colère. Tous les professionnels expliquent aux parents que le calme est la condition d'une autorité respectée. Mais eux non plus, en tant que parents, ne sont pas toujours maîtres de leurs réactions et de leurs émotions. Les enfants sont de redoutables provocateurs, qui, avec un instinct très sûr, appuient exactement où il faut pour nous faire sortir de nos gonds. Se sentir furieux et le montrer de temps en temps, c'est bien humain et très sain ;
– le droit de rester, même devenus parents, des êtres humains normaux, avec un métier parfois passionnant, du temps libre, des loisirs, des copains, etc. Y compris de dépenser de l'argent pour soi et pas seulement pour la famille. Pour les parents, le droit de rester une femme et un homme inclut le droit d'aller chez le coiffeur ou de faire les soldes, de se rendre à la piscine ou de dîner seul avec un copain. Bref, tout ce qu'on faisait avant avec plaisir et bonne conscience, même si c'est effectivement moins fréquent.

Les droits particuliers

Ceux-là aussi sont légitimes, même s'ils sont parfois plus difficiles à défendre. À chacun de trouver les siens et de les faire respecter impérativement. Autour de moi, j'ai relevé :

– le droit de lire un livre jusqu'au bout en moins d'un mois, sans avoir à revenir toujours trois pages en arrière pour se rappeler où on en était ;

– le droit de fermer la porte des toilettes ;
– le droit de prendre un bain sans être dérangé ;
– le droit que le salon ressemble à un salon et non à l'annexe d'un magasin de jouets ;
– le droit de profiter de son lit sans qu'il soit envahi de petits lutins ensommeillés à trois heures du matin ;
– le droit de cesser de jouer pour passer aux activités des grands ;
– le droit d'avoir la paix à l'heure où le film commence ;
– le droit qu'on ne farfouille pas dans son tiroir à chaussettes ;
– le droit, après trois ans de sacrifice, de dormir un peu le dimanche matin. Etc.

Tous ces droits seront d'autant mieux acceptés par l'enfant qu'ils lui auront été expliqués en termes de plaisir et d'épanouissement personnel. L'enfant veut faire plaisir à ses parents, il veut qu'ils soient contents et de bonne humeur. Mettre à ce titre une limite à son envahissement et à ses demandes n'est pas si difficile. Surtout si cela est compensé par une présence attentionnée avant et après.

Les droits du couple

Dans le cas le plus courant, le couple, composé des deux parents, préexistait à la venue des enfants. Le couple amoureux est devenu couple parental, dans une évolution qui n'est pas toujours facile à gérer. On sait que la venue du premier enfant, et plus encore du second, est un tremblement de terre pour le couple qui doit continuer son chemin sur de nouvelles bases. La cellule familiale s'enrichit : le couple doit tout naturellement en être renforcé. Mais tout le monde sait que ce n'est pas systématiquement le cas. Pour que l'histoire d'amour résiste, il est important que les parents continuent à en prendre soin. Le danger est pour ceux dont le nouveau rôle prend toute la place et qui retirent affection et attention au conjoint pour tout reporter sur leur enfant. Si ce dernier est au centre de la relation parentale, le couple est menacé.

Que le couple préexiste à la naissance des enfants ou qu'il soit « recomposé », il a besoin de soin et de temps. Pour que la tendresse et l'intimité se maintiennent, il faut s'en donner les moyens. D'où certains droits inaliénables :

– le droit de passer « en amoureux », sans les enfants, une soirée par semaine, un week-end par trimestre, une semaine par an ;
– le droit de coucher les enfants le soir assez tôt pour avoir un morceau de soirée pour soi et le temps d'échanger ;
– le droit de n'être qu'à deux dans leur chambre, *a fortiori* dans le lit.

Séparer le conjugal du familial, à certains moments et dans certains endroits, est indispensable à la santé du couple. À chacun d'en trouver les modalités. Les enfants vont protester : ils sont couramment assez jaloux des liens qui unissent leurs parents. Mais, là encore, ils en seront profondément rassurés. Rien n'est plus sécurisant pour un enfant que de sentir que ses parents s'aiment et que leur couple est solide. Pour les plus jeunes, cela éloigne la crainte d'une séparation toujours possible (ils le savent bien). Pour les ados, cela permet d'envisager plus sereinement leur prise d'autonomie (les parents se débrouilleront lorsque le nid sera vide). Pour tous, cela donne une bonne idée du couple qui leur servira de référence lorsque leur tour viendra.

Parents et enfants sont différents

Si les parents doivent protéger leurs droits, tout en respectant ceux de leurs enfants, c'est que ce ne sont pas les mêmes et qu'ils ne sont pas toujours faciles à concilier. Voici quelques exemples :

• *Les attentes, les besoins et les priorités sont différents*

– Les enfants veulent s'amuser, tout le temps si possible, même en mangeant ou en marchant. Les parents veulent que, à côté des moments de jeu, il y ait des moments plus sérieux pour faire son lit ou apprendre ses leçons.

– Les enfants veulent regarder les feuilletons à la télévision. Les parents veulent les voir prendre un livre.

– Les enfants veulent beaucoup de choses, petite voiture ou glace au chocolat, et les veulent tout de suite. Les parents pensent qu'il faut attendre, Noël ou la fin du repas.

– Les parents mettent le travail scolaire en tête de leurs priorités, les jeux vidéo, en queue. Pour les enfants, c'est le contraire.

– Les parents veulent du temps pour eux, les enfants veulent leurs parents pour eux tout le temps.

• *Les mots n'ont pas le même sens*

– « Une minute ! », pour les enfants, ne dure qu'un instant. Pour les parents, c'est le temps qu'il leur faut pour finir ce qu'ils sont en train de faire et se rendre disponibles.

– « Immédiatement », pour les parents, veut dire « immédiatement ». Pour les enfants, cela signifie « lorsque mon dessin animé sera fini ».

– « Ranger », pour les parents, c'est faire en sorte que chaque objet ait retrouvé sa place d'origine, sur son étagère ou dans sa boîte. Pour les enfants, c'est qu'on ne voie plus le bazar. Pour les parents, quand c'est rangé, c'est beau. Pour les enfants, quand c'est rangé, c'est mort. Ces différences sont normales. Elles justifient la nécessité de l'éducation et du temps qu'elle prend. Il ne s'agit donc pas d'en faire un problème, mais d'en tenir compte dans sa manière de s'exprimer et dans les attentes que l'on peut avoir.

Le but de l'éducation

L'autorité fait partie de l'éducation. Leurs buts sont donc les mêmes. Les clarifier est important. En effet, on n'éduque pas un enfant en ne regardant que le moment présent, mais en gardant toujours un œil sur l'horizon. Élever un enfant est une entreprise qui s'inscrit dans le long terme et dont on ne voit les effets que bien longtemps après. Garder en tête ce que l'on veut pour ses enfants, ce que l'on vise, aide à faire les bons choix et à relativiser la réaction de l'enfant. Frustrer ou interdire est difficile et déplaît à l'enfant. C'est d'autant plus facile à faire pour les parents qu'ils sont convaincus d'agir pour son bien, même si cela va à l'encontre de sa satisfaction à court terme.

Le but de l'éducation est de former des êtres humains adultes, capables de quitter leurs parents et de construire leur vie. Qu'est-ce qu'un être humain adulte ?

– Quelqu'un capable de dépasser ses pulsions lorsqu'elles sont inadaptées ; donc de maîtriser ses actes et ses émotions.

– Qui est capable de différer ses désirs immédiats et de se donner du mal pour les réaliser.

– Qui possède une structure intérieure solide, avec une conscience servant de guide.

– Qui peut s'insérer dans une communauté, tenir compte des autres, assumer ses responsabilités, faire des choix, s'engager.

À chaque couple parental de définir les buts de l'éducation qu'il donne à ses enfants. Quelles que soient les variations, on éduque toujours les enfants pour qu'ils puissent nous quitter. C'est d'ailleurs le grand paradoxe de cet amour qui ne ressemble à aucun autre. Le jour où ils partiront, les enfants devront se tenir seuls, solides sur leurs deux jambes. Pour cela, une structure résistante est indispensable. L'amour et l'autorité sont ce qui permet de la construire. À plus court terme, mettre en place quelques bonnes règles de discipline, c'est s'assurer d'une meilleure ambiance à la maison. Des enfants qui appliquent les règles établies sans ruer en permanence dans les brancards et qui ne discutent pas à longueur de temps tout ce qui leur est demandé, c'est aussi des parents plus détendus, des conflits moins importants et plus de temps pour faire des choses agréables ensemble.

2

CE QU'IL FAUT DIRE AUX PARENTS

Autant prévenir les problèmes plutôt que tenter de les résoudre. La discipline est un élément d'un tout dont il convient de se faire une idée d'ensemble. C'est l'objet de ce chapitre et du suivant. Dans celui-ci, nous passerons en revue l'ambiance générale qui règne au foyer. Le comportement des parents, celui des enfants et certaines règles psychologiques sont des éléments tout aussi importants à connaître. Ils forment la base générale de l'éducation.

LA MEILLEURE DES PRÉVENTIONS : UN LIEN FORT

L'entente parentale est essentielle pour une éducation « efficace ». Que les deux parents s'entendent bien, qu'ils aient des idées similaires sur l'éducation à donner à leurs enfants, qu'ils communiquent à ce sujet, qu'ils prennent soin de leur couple, tout cela a une grande valeur et un effet certain, nous l'avons vu. Mais ici, je voudrais surtout parler du lien qui unit le parent à l'enfant. Tout enfant supportera d'autant mieux l'autorité et s'y pliera d'autant plus volontiers :

– qu'il a confiance en ses parents et les respecte ;
– qu'il s'en sent en retour aimé et respecté.

Or ce double mouvement de confiance, de respect et d'amour, humus de toute éducation, se construit dès la naissance et s'entretient au fil des années. C'est dans la qualité de cette relation, plus que dans les techniques, que se joue l'autorité. Un attachement solide est la base sur laquelle l'enfant peut se construire.

Être connecté à son enfant

Éduquer demande aux parents beaucoup d'habileté. Il en faut pour savoir comment refuser quelque chose à l'enfant sans déclencher un conflit, pour savoir comment détourner l'attention du plus jeune, bloqué dans son négativisme, pour sentir ce qui se cache derrière le mutisme de l'adolescent. Cette habileté demande d'abord une bonne connaissance de l'enfant en général et du sien en particulier. Chaque parent est un bien meilleur expert et connaisseur de son enfant que tous les professionnels. Bien sûr, pour cela, il faut avoir passé du temps avec lui, pour l'observer et savoir comment il fonctionne. Cette habileté demande aussi de l'intuition. C'est ce que j'appelle « être connecté à l'enfant » : c'est-à-dire sentir, de l'intérieur, ce qu'il est en train de vivre.

Cette connexion est réciproque. Quand parents et enfants passent du temps ensemble, s'expriment et apprennent à se connaître, les enfants, eux aussi, ont une intuition de l'état dans lequel se trouvent leurs parents. Ils perçoivent leur tension, leur fatigue, leurs attentes. Ils savent quoi faire pour leur faire plaisir. Ils savent aussi quand il est préférable de se tenir à distance.

Les parents en « connexion active » avec leur enfant le comprennent et savent l'éduquer de manière appropriée. Ils perçoivent l'attente de l'enfant, même à un âge où il ne s'exprime pas encore. Ils lisent le langage du corps et les mimiques du visage.

Les enfants, de leur côté, se sentent sécurisés, si bien qu'ils peuvent s'éloigner de leurs parents sans cette anxiété de séparation si fréquemment observée. Ils s'éloignent, de quelques pas d'abord, plus loin ensuite, puis reviennent chercher réconfort et tendresse lorsqu'ils en ont besoin.

Être aux côtés de son enfant

Quand on aime son enfant et qu'on le connaît bien, on aborde les difficultés à ses côtés, jamais contre lui. Même en cas de conflit, l'enfant a besoin de sentir que ses parents ne l'écrasent pas ni ne cherchent à avoir le dessus pour leur convenance personnelle, mais parce qu'il leur paraît juste de ne pas le laisser continuer dans cette direction. Quel que soit son âge, l'enfant se sent solide s'il perçoit autour de lui des adultes bienveillants.

On peut par exemple dire à son fils de dix ans : « Non, je ne te laisserai pas regarder ce film. Ce n'est pas pour t'embêter ou t'empêcher de faire comme tes copains. C'est parce que je ne crois pas que ce soit une bonne chose pour toi. »

Il comprend que, même si ses parents s'opposent à son désir, ils le font au nom de ce qu'ils pensent être leur devoir de parents, pour son bien.

Un cas où il est très important que l'enfant sente ses parents à ses côtés, c'est celui des difficultés scolaires. Souvent, les parents se fâchent pour une mauvaise note, sans écouter les arguments de l'enfant, alors que lui-même est déjà malheureux de ce mauvais résultat et que l'enseignant a déjà fait des réflexions désobligeantes. Il me semble que la bonne attitude est d'être aux côtés de l'enfant. « Tu as eu une mauvaise note en sciences. Tu dois être déçu. Si tu veux, nous regarderons ensemble ce que tu n'as pas compris et nous le reprendrons pour que tu réussisses le prochain contrôle. »

Être aux côtés de son enfant, c'est savoir, jour après jour, être son coach et son entraîneur pour l'encourager dans les passes difficiles et l'aider, quand c'est nécessaire, à donner le meilleur de lui-même et à aller au bout de ses projets.

Si l'enfant sent cela au quotidien, s'il sait qu'il peut compter sur ses parents, sur leur aide et leur discrétion, il n'hésitera pas, devenu adolescent, à venir se confier et demander un conseil lorsqu'il en aura besoin.

Prendre du plaisir ensemble

Le lien d'amour et de confiance se construit sur le plaisir partagé. Quand deux personnes aiment être ensemble et sont capables de bien s'amuser, c'est que leur relation est bonne. C'est qu'elles s'aiment et s'apprécient. Certes, quand on est parents, on a du travail, des activités, des soucis de tous ordres, mais cela ne devrait pas empêcher durablement de prendre du bon temps avec son enfant. Pour que les enfants acceptent la discipline que leur imposent leurs parents, ils doivent les aimer, les apprécier et pouvoir s'amuser avec eux.

Si la vie quotidienne avec les enfants est devenue une suite de reproches, d'exigences, d'empêchements ou d'échanges neutres, il est temps de réagir.

Avec les tout-petits, s'amuser passe par les câlins, les chatouilles, les jeux, les promenades. Avec les plus grands, c'est aller manger une glace ou boire une limonade à la terrasse d'un café, partager une séance de cinéma, aller dîner au restaurant ou assister ensemble à un match.

Pour être sûr que votre moment de plaisir partagé se passera bien, un conseil : prenez-le en tête à tête. L'enfant adore passer un moment seul, sans le frère ou la sœur, avec l'un de ses parents. Il se sent vraiment vu, reconnu, aimé. Il sait que le choix de ce qu'on fera tiendra vraiment compte de ses désirs et de ses goûts. Il est quelqu'un d'important et de valable, ce qui fait beaucoup dans la construction de sa confiance en lui. De votre côté, c'est l'assurance de pouvoir garder le cap et l'état de détente, sans avoir à gérer des désirs contradictoires et des rivalités fraternelles.

La démocratie familiale

Auparavant, la structure traditionnelle de la famille était une structure autocratique : le père, au sommet de la pyramide, avait tout pouvoir, puis venait la mère ayant autorité sur les enfants, sous couvert des décisions du père.

Au cours des dernières décennies, les familles occidentales se sont transformées pour adopter une structure démocratique dans laquelle chacun a une voix équivalente pour les décisions. On vote en famille et la majorité décide. On voit vite dans ce système que les parents seuls ou qui ont plus de deux enfants se trouvent de fait soumis aux décisions de ces derniers.

C'est ainsi que l'on voit la publicité pour les voitures ou les yaourts s'adresser directement aux enfants : souvent aussi nombreux ou plus nombreux que les adultes dans la famille, ils sont les nouveaux prescripteurs des achats. Mais les enfants décident aussi à quelle heure ils se couchent, comment ils s'habillent et ce qu'ils mangeront au dîner. Quand ce n'est pas eux qui décident si maman peut se remarier ou si les parents peuvent faire un autre enfant.

Cet avènement démocratique entraîne inévitablement une grande permissivité des parents qui empêche les jeunes enfants de bien se structurer. Il a également pour conséquence de faire naître un sentiment d'insécurité chez les enfants, inquiets face à des parents qui ne jouent plus leur rôle ni n'assument leurs responsabilités.

Un système déraisonnable…

La structure familiale ne peut en aucun cas être démocratique tant que les enfants sont jeunes. Les enfants sont nos égaux tout en étant différents. À quoi servirait l'éducation si les enfants avaient dès le plus jeune âge les mêmes droits que les adultes ? Le jugement de l'enfant est le plus souvent, du fait de son manque d'expérience et de formation, immature, déraisonnable et égocentrique. Ses choix tiennent essentiellement compte du court terme et de son propre intérêt. Lui faire confiance pour décider, c'est céder à l'illusion de l'enfant naturellement bon et omniscient, ce que chacun sait être une absurdité. Confier aux enfants le leadership revient à leur donner un rôle qui n'est pas le leur et qui ne peut le devenir qu'au fil du temps et d'un véritable apprentissage. Les enfants ont droit à notre respect et à notre protection. Imaginez un seul instant des enfants de deux à dix ans qui décideraient seuls de leur heure de coucher ou du contenu de leur assiette ! Absurde ? Et pourtant vrai dans de nombreuses familles… J'ai entendu récemment un papa me dire : « Nous, on se couche à 23 heures, alors je ne vois pas pourquoi on l'obligerait à se coucher à 20 heures. »

La démocratie est impossible parce que c'est aux parents de gouverner la famille. Cela implique qu'il leur revient de limiter la liberté de leurs enfants, contre leur gré (les enfants tirent sur la corde : c'est leur rôle) afin de les protéger et de les guider. Les enfants ne viennent pas au monde en sachant traverser dans les clous. Ils ignorent tout des dangers de la vie. Aux parents également d'établir les lois familiales et de les faire respecter. Cela rend la vie des enfants rassurante et leur permet de s'y épanouir en sécurité.

Certains auteurs ont décrit le rôle de parent d'enfant jeune comme celui d'un dictateur bienveillant. Humain, gentil et ferme, il écoute les désirs et les arguments de chacun. Mais c'est lui qui a le droit de veto et de décision. Point final.

Comme l'écrit le psychologue américain Christopher Green[1] avec un certain humour : « La démocratie familiale fonc-

1. *Des premiers pas à la maternelle, toutes les clés pour réussir son éducation*, Dr Christopher Green, Marabout, 2005.

tionne ainsi : les moins de cinq ans se voient dire ce qu'ils doivent faire, les cinq à huit ans ont droit à quelques explications et les huit à douze ans ont un mot à dire sur ce qui les concerne. La démocratie est louable mais les apprentis avocats que sont vos enfants peuvent en abuser. Soyez respectueux mais ne vous laissez pas manipuler par des arguments et des débats sans fin. Les parents ne s'en sortent jamais vainqueurs, cela diminue juste leur espérance de vie. Donnez votre avis, posez la limite, agissez, mais n'argumentez pas. »

… mais destiné à évoluer

L'âge de l'enfant aidant, la politique familiale peut évoluer vers davantage de démocratie. La structure verticale – les parents en haut, les enfants en dessous – s'incline et évolue vers une structure horizontale qui sera atteinte lorsque les enfants, adultes et autonomes, voleront de leurs propres ailes. La démocratie totale est en effet impossible tant que l'enfant vit dans la maison de ses parents et qu'il dépend d'eux. Mais on s'en approche. Ce qui signifie donner aux enfants les moyens de faire leurs propres expériences, leurs propres erreurs et leur apprentissage de l'autonomie.

Les adolescents ont davantage voix au chapitre sur les décisions les concernant. Ils peuvent négocier et faire évoluer les règles. Ils font déjà de nombreux choix pour eux-mêmes. Les parents ne doivent cependant pas oublier que, jusqu'à la majorité de leur enfant, ils sont responsables de sa vie. Du fait de leur expérience et de leur maturité, ils sentent souvent mieux que leurs enfants ce qui est bon pour eux. Il faut discuter, échanger. Même à l'adolescence, tous les enfants ne réagissent pas positivement aux bonnes raisons et aux arguments sensés présentés par les parents. Ils ont les leurs. Mais cela reste aux parents, jusqu'au bout, de prendre leurs responsabilités.

L'ATTITUDE DES PARENTS

Savoir contrôler ses émotions et garder son calme est très important dans l'éducation. Cette affirmation va un peu à contre-courant des conseils actuels : il s'agit de laisser sortir ses émotions, le risque majeur étant de les refouler ou de les garder sur le cœur. Est-ce un bon conseil quand on est parent, ou simplement adulte, en charge de l'éducation d'un enfant ? Cela dépend. Si vous ressentez une émotion positive, exprimez-la sans hésiter. Montrez à votre enfant votre plaisir, votre joie de vivre, votre fierté, votre enthousiasme. Qu'il en soit ou non à l'origine, cela ne peut que lui faire du bien de vous voir heureux. Si vous ressentez une émotion négative qui n'a rien à voir avec votre enfant, il est bon de l'exprimer : cela lui permet de ne pas s'en sentir responsable et d'apprendre comment se comporter avec ses émotions. « Je suis énervé parce que je viens de passer une heure dans un embouteillage. Je vais sous la douche et cela ira mieux après », « Je suis inquiète parce que je me fais du souci pour mamie qui voit le médecin aujourd'hui. Nous lui téléphonerons tout à l'heure pour avoir des nouvelles. »

En revanche, si les émotions négatives que vous ressentez sont de l'irritation ou de la colère provoquées par le comportement de votre enfant, attention ! Cela peut vous amener à des paroles ou des actes qui seraient tout sauf « éducatifs » et que vous regretterez ensuite. Il va vous falloir trouver d'autres solutions plus efficaces et moins dangereuses que de vous mettre à hurler.

La colère des adultes

Autant il est juste d'exprimer verbalement votre exaspération : « Cela fait trois fois que je te demande d'aller prendre ton bain, que tu me dis oui et que tu continues ton jeu.

Cela me met très en colère quand je suis obligé de répéter sans arrêt les mêmes choses. » Autant il ne l'est pas de se mettre véritablement en colère. Pour plusieurs raisons.

– La colère obscurcit l'esprit de celui qu'elle envahit. Sous l'effet de la colère, vous ne pouvez plus réfléchir, prendre les bonnes décisions ni prononcer les bonnes paroles. Être « emporté », se sentir « hors de soi » n'est pas le meilleur état pour s'exprimer. Mieux vaut attendre d'être redevenu soi-même.

– La colère donne le mauvais exemple à l'enfant. Si vous-même vous laissez aller à vos émotions de manière bruyante, comment pouvez-vous lui demander ensuite de contrôler les siennes lorsqu'il se roulera par terre, au square, pour avoir un autre tour de manège ? Si, exaspéré, vous lui donnez une fessée, comment lui reprocher ensuite le coup de pied à sa petite sœur qui vient de lui piquer ses crayons de couleur ? Par l'expression de vos émotions, vous justifiez la sienne.

– Les mots violents que vous prononcez sous le coup de la colère, l'enfant les emploiera à son tour ou les reprendra pour lui. Soit ce sont des gros mots ou des mots d'insultes : vous risquez bien de les réentendre à sa prochaine colère, contre vous ou contre un frère ou une sœur, ce que, très certainement, vous n'apprécierez pas. Soit ce sont des mots qui blessent (« Tu es méchant », « Mais tu es bête ou quoi ? ») et il risque de vous croire, de se sentir humilié et d'en être abîmé. L'enfant ne sait pas que la colère fait dire des choses fausses que l'on regrette ensuite, alors mieux vaut éviter de les prononcer.

– La colère des parents peut effrayer les plus jeunes enfants. Voir tout à coup un papa protecteur et admiré se transformer en un monstre furieux et hurlant peut être très choquant. L'enfant se sent coupable et malheureux. Il a peur d'être frappé, d'être rejeté, de ne plus être aimé.

– Chez les enfants plus grands, les colères « habituelles » des parents finissent par glisser sur eux sans leur faire plus d'effet que l'eau sur les plumes d'un canard. « Ça y est, c'est maman qui fait sa crise, tous aux abris, attendons que ça passe. » Les petites oreilles se ferment et, plus le parent crie fort, moins elles entendent. Le parent se sent tenu de crier encore plus fort…

– Si la colère, par sa survenue soudaine et ses conséquences, fait véritablement peur à l'enfant, elle nuit à la confiance qui doit régner entre les parents et les enfants. Un enfant qui ramène une mauvaise note à la maison, provoquant colère et punitions, sera certainement davantage tenté par le fait de mentir et de dissimuler ses prochaines mauvaises notes. Ne comptez plus sur lui pour avouer spontanément ses erreurs et ses bêtises.

– La colère est inefficace. Je reçois très souvent des parents qui viennent parce qu'ils n'arrivent pas à se faire obéir de leurs enfants de tous âges. Or tous se mettent quotidiennement en colère, crient, voire frappent à l'occasion. Si la colère était efficace, ils n'auraient aucun besoin de mon aide… Au rayon des attitudes parentales pénibles pour tout le monde et parfaitement inefficaces, citons les remarques critiques permanentes, le fait de râler, faire la leçon si cela prend plus de trois phrases, l'attitude du parent martyr, etc. En conclusion, quel que soit l'âge de l'enfant, la colère des parents est, au mieux, inutile, au pire, nuisible. Je pense vous en avoir convaincu. Voyons maintenant comment ne pas y succomber. Plus loin dans l'ouvrage, nous aborderons comment s'en dispenser.

Garder son calme

Dans notre société actuelle, c'est ainsi : les parents ont trop de travail, ils ont trop de choses à faire et trop peu de temps pour y arriver. Cela provoque une situation de stress, ce qui les met dans un état d'anxiété et de tension quasi permanent. Or ce sont souvent les enfants qui en subissent les effets, « qui prennent » comme ils disent couramment, parce qu'ils sont en bout de chaîne, de journée et de fatigue, mais aussi parce qu'ils sont très doués pour approcher l'allumette du baril de poudre. Garder son calme dans ce cas est difficile pour tout le monde. C'est impossible tout le temps. Je ne connais pas de parents qui n'aient jamais perdu leur calme, même si tous les ouvrages et les articles les y exhortent. Ce n'est d'ailleurs pas grave si ces colères sont limitées en nombre, en durée et en intensité. Dans le meilleur des cas, elles permettent justement d'éliminer les tensions et de repartir sur de bonnes bases. Mieux vaudrait cependant faire du sport plutôt que de « faire payer » aux enfants une tension dont ils ne sont pas la cause, juste le déclencheur.

Pour s'améliorer dans ce domaine, donc moins succomber à la colère, il est important de reconnaître d'abord qu'elle n'est pas la « faute » de l'enfant. Chacun est responsable de ses émotions et de la manière dont il les exprime. Les colères des parents leur appartiennent : à eux de s'en débrouiller. Les enfants ont assez à faire avec les leurs, sans se charger de la responsabilité de celles de leurs parents.

Comment faire ? Il y a les conseils à appliquer « sur le moment » et ceux, préventifs, qui agissent à plus long terme. N'oubliez pas que c'est en vous regardant et en prenant modèle sur vous que votre enfant apprendra à dépasser ses propres colères.

• *Sur le moment*

– Méfiez-vous des jours et des moments « à risque », quand vous êtes particulièrement fatigué, stressé, pris par les ennuis, que vous venez de vous disputer avec votre conjoint, que vous avez un problème au travail. Le moindre petit fait peut provoquer l'explosion. Si vous rentrez chez vous dans cet état, prenez soin de prévenir les enfants : « Je me sens aussi détendue qu'une sauterelle et aussi douce qu'une panthère noire, alors ce soir je crois que vous devriez vous tenir à carreau. » Le mieux, si vous le pouvez, est de prendre le temps de vous détendre un peu seul, avec un verre de jus de fruit et un journal. Si vous avez votre enfant avec vous, partagez des activités « à moindre risque » : cassette vidéo, bain, promenade au parc, etc.

– Donnez-vous toujours un moment avant de réagir. C'est le temps de voir que la colère monte et qu'elle vous emporte. Parfois deux ou trois grandes expirations suffiront pour arrêter le mécanisme et vous permettre de retrouver votre sang-froid. Sinon, il va être nécessaire de vous éloigner et de vous isoler quelques minutes. L'idée est d'attendre de retrouver son calme avant de répondre ou d'agir. Cela seul permet que votre comportement soit dicté par la situation elle-même, ce qu'elle nécessite, et non par la seule émotion.

– Faites attention aux paroles que vous prononcez. Le moins sera certainement le mieux. Si vous sentez devoir intervenir, critiquez l'acte : « Je suis vraiment contrarié que tu n'aies pas mis la table comme convenu » et non la personne : « Tu n'as pas mis la table, on ne peut vraiment pas compter sur toi, tu es infernal ! »

– La colère contient une grande énergie. Si vous ne voulez pas qu'elle s'exprime par des mots violents ou des gestes agressifs, vous avez intérêt à lui trouver un autre moyen d'expression : taper dans un coussin, sauter à la corde 732 fois, courir autour du pâté de maisons, chanter à tue-tête, etc. Expliquez à votre enfant : « Je fais cela pour me sentir moins en colère. » Ne faites pas devant lui ce que vous ne voudriez pas qu'il fasse, du style casser la vaisselle ou claquer les portes.

– Écrivez ce qui vous envahit ou bien téléphonez à une oreille amie pour le lui raconter. Cela soulage et vide la tête. Une fois que les mots sont exprimés et confiés, on se sent généralement plus détendu.

– Si votre enfant et vous aimez les câlins, tentez ceci. Au moment où vous sentez la colère monter de part et d'autre et le rapport de force se mettre en place, prenez votre petit dans vos bras et serrez-le contre vous fermement. Regardez-le dans les yeux et dites quelque chose comme : « Toi, si tu savais comme je t'aime ! » ou : « On se calme et on fait un câlin, d'accord ? »

• *À plus long terme*

– Prenez régulièrement le temps de vous détendre. Pratiquez une activité sportive, artistique ou culturelle pour vous seul. Ne devenez en aucun cas l'esclave de la famille ou des enfants.

– Revenez sur les dernières crises qui vous ont opposé à votre enfant et tentez de comprendre, avec du recul, ce qui les a provoquées. Dans quel état d'esprit vous étiez. Ce qui vous a fait exploser. Les comportements auxquels vous êtes particulièrement sensible. Ce qui fait que votre vie actuelle vous met sur les nerfs. Comment vous pourriez vous organiser autrement. Cette réflexion est très importante. Aucune situation n'est sans solution.

– S'il y a des décisions à prendre pour arranger les choses, prenez-les. J'ai rencontré récemment une jeune femme, Karine, mère de deux enfants (dix-huit mois et trois ans), travaillant à plein temps dans une agence de télécommunication. Le soir, c'était la course à la sortie du bureau pour sauter dans le bus, faire le trajet debout, courir jusqu'à la crèche pour récupérer le plus jeune, puis à la garderie scolaire pour reprendre l'aîné, s'arrêter sur le chemin pour faire quelques courses, ramener tout le monde à la maison, faire le repas tout en surveillant le bain, etc. Immanquablement, l'aîné trouvait le moyen d'inonder la salle de bains avec l'eau de la baignoire et le plus jeune de plonger ses mains dans la soupe et de s'en mettre dans les cheveux. Rien que de très banal, Karine le savait, mais le surcroît de travail que cela engendrait, en plus de la fatigue accumulée, déclenchait chaque soir des cris, des reproches, et un sentiment proche du désespoir. Le mari de Karine arrivait à ce moment-là, en plein « drame ». Il haussait le ton, prenant la relève et tout rentrait dans l'ordre. Mais Karine souffrait de ne pas s'en sortir avec plus de sérénité, et son mari en venait à se demander si elle saurait être une bonne mère pour ses enfants. Épuisée nerveusement, Karine était au bord de la dépression. Avec elle, nous avons passé en revue l'ensemble de ses activités et de ses contraintes : il est apparu évident que n'importe qui à sa place aurait eu du mal à faire mieux. La solution choisie a consisté principalement en deux points. D'abord, prendre l'habitude de commander les courses sur Internet : Karine fait sa liste tranquillement et son mari s'occupe de passer la commande le dimanche, avec l'aîné sur les genoux qui trouve cela très amusant. Ensuite, Karine et son mari ont embauché une jeune étudiante qui, trois soirs par semaine, récupère les enfants, les ramène à la maison, leur donne le bain et joue avec eux. Quand Karine arrive, les enfants sont en pyjama. Le lundi soir, elle en profite pour passer une heure à la piscine. Bien sûr, ces aménagements ont un coût. Le budget familial a dû être revu. L'achat d'une nouvelle voiture a été repoussé. Mais, de l'avis de Karine que j'ai revue six semaines plus tard, cela valait grandement la peine.

– Vérifiez que les attentes que vous avez envers votre enfant sont réalistes. Aucun ne peut donner l'impossible. Souvent, ce qui nous énerve le plus chez un enfant, ce sont des comportements absolument normaux à cet âge, qui passeront tout seuls dans quelques mois. Attendre d'un enfant de deux ans qu'il réagisse comme un enfant de quatre ans est absurde et forcément frustrant pour le parent comme pour l'enfant.

– Faites une liste de vos priorités. Vous ne pouvez pas tout avoir. Que vous privilégiez les repas en famille, les sorties de fin de semaine, la réussite scolaire, le fait d'avoir une maison impeccablement tenue, votre ambition professionnelle ou l'intimité de votre couple va entraîner des choix et aura des conséquences. Choisir, c'est renoncer. Alors, savoir précisément ce que l'on veut est indispensable pour ne pas avoir, un jour, à regarder en arrière en regrettant ce que l'on a fait.

Une attitude positive

Quand un parent sait :

– prendre les choses du bon côté,
– ne pas donner d'importance à ce qui n'en a pas vraiment,
– se rassurer en se disant que tout cela finira par passer et qu'on y repensera en regrettant le bon temps,
– rire même de lui,

alors il y a de grandes chances pour qu'il sache aider son enfant à donner le meilleur de lui-même. Pour un parent qui « n'y croit pas » et se complaît dans les lamentations, tous les conseils du monde seront inefficaces.

Dans une relation où deux partenaires interviennent, ici le parent et l'enfant, les deux ont leur part de responsabilité dans le déroulement des événements. Ce n'est donc pas « la faute de l'enfant » si la relation est difficile. Comme dans un divorce, les deux conjoints ont leur part à prendre. Mais ici, l'un est adulte, donc doté de raison, de réflexion et d'expérience, l'autre est un enfant, encore en devenir. Si le parent change son comportement, l'enfant changera aussi. C'est inévitable.

Une part du changement consiste à modifier les conditions environnementales ou l'organisation de la vie familiale : moins en faire pour réduire les tensions, nous venons de le voir. Une autre part est l'adoption de nouvelles techniques éducatives, mieux adaptées à ce qu'est vraiment un enfant. La dernière part consiste à faire preuve d'une attitude globalement plus positive.

Qu'est-ce que cela signifie concrètement ? En voici quelques exemples.

– Trouvez des activités que vous aimez réellement réaliser avec votre enfant, puis faites-les régulièrement. Suscitez des moments de tête à tête pour être bien ensemble, avec ou sans mots. Rien de plus agréable pour lui que ces instants où il sent qu'il a toute votre attention et que vous êtes heureux de sa présence.

– Faites participer votre enfant à vos activités, si cela lui fait plaisir. Il se sentira grand et utile. Peu importe au fond l'activité, l'important est de la partager : ramasser les feuilles mortes, laver la voiture, vider le lave-vaisselle, étendre le linge, préparer la soupe, etc.

– Attendez-vous à ce que votre enfant se comporte bien, et non à ce qu'il dérape pour lui sauter dessus avec une phrase comme : « Ça y est, encore une fois ! » qui le condamne. Il y a eu un clash ? Oubliez vite. D'une manière générale, donnez plus de temps et d'emphase à ce qui va bien qu'à ce qui va mal.

– Dites et redites régulièrement à votre enfant, qui pourrait parfois en douter, combien vous êtes heureux d'être son père, sa mère, et combien c'est une joie de tous les jours de vivre avec lui.

– Résistez à l'envie de le culpabiliser : les résultats ne sont jamais bons à long terme. Mieux vaut faire vôtre cette devise : « Ce n'est pas grave, il n'y a pas mort d'homme ! »

– D'une manière générale, rappelez-vous qu'il est petit et que vous êtes grand. La force et le pouvoir sont de votre côté. C'est nécessaire pour le protéger. Mais c'est aussi si facile et si vite fait de l'écraser ! Si vous voulez qu'il s'épanouisse, ne le faites jamais.

3

Ce qu'il faut savoir des enfants

Dans ce chapitre, nous passerons en revue ce qu'il faut savoir des enfants pour bien les éduquer, comment ils fonctionnent et sur quels mécanismes les parents peuvent s'appuyer. Nous verrons notamment ce que sont les réactions habituelles des enfants lorsque les parents font preuve d'autorité, une manière de pouvoir s'y préparer !

Comment fonctionnent les enfants ?

Il est exact que tous les enfants sont différents, mais ils ont heureusement des traits psychologiques communs qui peuvent servir de base de réflexion sur la manière de les élever. Ensuite, c'est la connaissance fine de chacun qui permet aux parents de s'adapter à la personnalité de chacun de leurs enfants.

Bien souvent, les difficultés éducatives que rencontrent les parents ne traduisent aucun problème réel mais viennent de ce qu'on pourrait appeler un malentendu, dû à une méconnaissance de l'enfant. Les parents ignorent comment fonctionne leur enfant. Savoir ce qui le meut, ce qui le touche ou ce qui le met en colère, c'est indispensable pour bien le comprendre, surtout à un âge où il ne peut pas s'expliquer !

Le comportement de l'enfant a un sens

Les attitudes de l'enfant ont une signification. Celle-ci est grandement inconsciente pour l'enfant lui-même et difficilement compréhensible par les adultes.

L'enfant étant avant tout un être de relation, la signification de son comportement est toujours liée à autrui, à la façon dont il se voit en relation avec les autres et comment il croit que les autres le voient. En se comportant de telle ou telle façon, il « dit » quelque chose. En gros, il veut être reconnu, être aimé, apprécié, avoir une place entière dans la famille. Mais cette expression est maladroite, si bien que l'enfant aboutit bien souvent à la réaction inverse de celle qu'il recherche.

Premier exemple, l'enfant qui trouve que son père ne passe pas assez de temps avec lui peut s'arranger pour se trouver en difficulté scolaire, espérant que son père prendra du temps pour le faire travailler. Si celui-ci comprend que son fils perd pied parce qu'il n'est pas assez encadré, il peut décider, par exemple, de le mettre en internat. Donc de le voir encore moins.

Autre exemple, celui de Lucie, deux ans et demi. Quand sa maman est rentrée de la maternité avec un nouveau bébé, Lucie a vite compris qu'elle passait beaucoup de temps avec lui. Elle a observé le bébé, se disant que, si elle faisait pareil, elle aurait, elle aussi, du temps et le droit de dormir dans la chambre parentale. Elle s'est mise à pleurer la nuit et à refaire pipi dans sa culotte. La maman, fatiguée, s'est énervée. Lucie a continué, pensant qu'elle n'en faisait pas encore assez. Mais toutes ses tentatives de redevenir importante et unique pour sa maman se sont soldées par une exclusion encore plus grande et un sentiment aggravé de solitude et de frustration. Dernier exemple tellement fréquent, celui de l'enfant qui tournicote autour de son père (ou de sa mère) alors que celui-ci est occupé au téléphone ou à lire un journal. Il cherche de l'attention. Mais si maladroitement et de manière si irritante pour l'adulte qu'il risque vite de se retrouver consigné dans sa chambre !

Il arrive heureusement que le comportement de l'enfant aboutisse à l'effet recherché. Soit l'enfant s'y prend de manière plus habile, soit les parents sont plus attentifs, plus réceptifs, plus compréhensifs. Après avoir lu ce chapitre, ce sera certainement le cas.

La crise d'opposition

L'enfant se construit dans l'opposition. Vers l'âge de dix-huit mois, il a déjà eu tout le temps de comprendre la puissance de ce merveilleux petit mot : non. Lorsqu'il est prononcé par les parents, c'est un mot qui a le pouvoir de l'arrêter dans son élan vers ce qui le tente tellement. Alors le reprendre à son compte, c'est devenir grand et puissant à son tour. Au point de faire de ce petit mot le plus fréquent de son vocabulaire. Ses parents lui demandent de s'habiller ? C'est non. De manger sa soupe ? C'est encore non. D'aller se coucher ? Toujours non. Au point que la patience des parents est mise à rude épreuve.

• *Une attitude constructive*

Ce non est une véritable déclaration d'indépendance. Le petit enfant a besoin d'un certain nombre de « non » : il ne s'agit pas de négativisme, mais d'une manière d'affirmer son identité. Comme si celle-ci ne pouvait se constituer que par opposition à une autre, celle des parents. Une façon de dire : « Je ne suis pas celui que vous voulez que je sois. » Pour que personne n'ignore qu'il a des désirs propres, il va les affirmer, de manière souvent systématique, en opposition directe aux désirs en face de lui. Ces « non » n'ont pas forcément valeur de refus et certains peuvent être détournés, mais ils sont toujours affirmés avec une grande véhémence et beaucoup de conviction. Cela témoigne de la naissance et de la construction de la personnalité de l'enfant, ce qui est totalement respectable, même si c'est éprouvant.

Comment réagir ? Patience et souplesse, au moins dans un premier temps. Si un enfant de deux ans est « dur », c'est parce qu'il a deux ans et qu'il cherche à s'affirmer, pas parce qu'il est méchant. S'il provoque par ses refus, c'est parce qu'il cherche à comprendre comment fonctionnent les adultes et ce qui les fait réagir d'une façon ou d'une autre. C'est toute son intelligence de l'autre qui se construit.

• *Que faire ?*

Souplesse ne veut pas dire incapacité à se faire obéir. Un scénario classique : la maman va récupérer son petit enfant à la crèche ou chez l'assistante maternelle. L'enfant, qui a pourtant attendu sa mère impatiemment, fait mine de ne pas vouloir la suivre. Il refuse de s'habiller, de mettre ses chaussures et de rentrer à la maison. La mère discute, justifie, patiente, séduit : on va passer à la boulangerie, papa nous attend, la crèche va fermer, etc. Mais l'enfant s'obstine et la scène dure, gênant les autres personnes présentes. La mère se laisse manipuler, promet un bonbon, et la scène se reproduit soir après soir. Que faire ? Après un délai raisonnable de palabres et de patience, refuser de discuter davantage, prendre son enfant sous le bras et partir.

C'est à vous de décider et d'avoir le dernier mot, même si l'opposition de l'enfant est vigoureuse, lorsqu'il s'agit de choses importantes ou qui ne peuvent être discutées : attacher sa ceinture de sécurité, prendre son médicament, s'habiller avant de sortir, passer à table, acheter une petite voiture, etc. Ces occasions sont les plus nombreuses. Mais il arrive aussi que vous puissiez changer d'avis afin de prendre en compte l'avis de votre enfant. Si un soir, occasionnellement, il refuse le bain, ce n'est pas si grave. Même chose s'il veut monter encore une fois au toboggan plutôt que rentrer tout de suite. S'il ne veut pas mettre le pantalon vert mais qu'il accepte le bleu. Il est bon pour l'estime de lui-même que vous lâchiez prise parfois. Mais surtout, faites-le avant que le « non » ne se soit transformé en colère !

Ce mécanisme d'opposition qui permet à l'enfant de se construire en se distinguant ne va pas s'arrêter de sitôt. Il va seulement s'atténuer. Puis il se manifestera à nouveau avec cette même intensité lors d'une autre crise, celle de l'adolescence.

Le besoin de répétition

Les enfants, qui semblent n'avoir aucun problème pour retenir la récitation qu'a demandée la maîtresse ou les horaires de leurs feuilletons, ont bizarrement bien du mal à se souvenir de ce que vous leur avez demandé de faire. Avec les petits, c'est normal : on s'attend à devoir répéter de nombreuses fois. Mais il faut savoir qu'avec les plus grands, c'est exactement pareil. Lorsqu'il a trois ans, vous êtes émerveillé et très content de vous parce que votre enfant dit systématiquement « s'il te plaît » quand il vous demande quelque chose. Vous vous croyez tiré d'affaire. Cinq ans plus tard, il semble avoir tout oublié, et vous vous surprenez à reprendre le fameux : « Qu'est-ce qu'on dit ? »

Ce ne serait pas raisonnable d'espérer que votre enfant retienne la leçon ou la consigne que vous avez exprimées une fois, même clairement. Attendez-vous plutôt à ce que l'enfant répète le comportement qui vous déplaît, encore et encore. Soyez patient. Comme disait ma mère, élever un enfant, c'est comme remplir une bouteille avec des grains de sable : il en faut un certain nombre ! C'est cent fois (ou cinq cents ou mille), chaque jour de chaque semaine, que vous allez devoir dire : ne touche pas les disques, mange avec ta cuiller, ne saute pas sur le canapé, lave-toi les dents, fais tes devoirs avant d'allumer la télé, baisse le son de ta chaîne, etc. Jusqu'à ce que l'habitude soit prise, ce qui peut prendre du temps.

Le besoin de respect

Comme le sens de l'opposition, le besoin de respect est valable à tout âge, mais l'enfant y est tout particulièrement sensible autour de trois ans, puis à l'adolescence. Un petit enfant déteste être traité comme un bébé, de même qu'un adolescent déteste être traité comme un enfant : c'est, à leurs yeux, un manque de respect insupportable. Vous leur demandez la politesse ? Alors soyez poli avec eux, c'est le minimum exigé. Un enfant de deux ans sera très sensible au fait que vous lui disiez « s'il te plaît », « merci » ou « excuse-moi ». Sans compter que c'est le meilleur moyen pour qu'il apprenne à le dire lui-même. Vous changez d'avis sur une promesse que vous aviez faite ? Pour lui, ce n'était pas une parole en l'air, alors il appréciera que vous présentiez une excuse raisonnablement plausible. Respecter son enfant, c'est aussi accueillir chaleureusement et dans un esprit d'ouverture ses désirs et ses demandes. Après tout, il a bien le droit d'avoir envie. Cette écoute ne vous engage pas pour autant à accepter, évidemment.

Pour les plus jeunes, le respect passe par la patience mise à déchiffrer ce qu'ils essaient de dire dans leur langage mal articulé et le soin pris à leur répondre. C'est aussi leur donner le temps lorsqu'ils veulent faire « tout seul », plutôt que de s'énerver et de faire à leur place, parce que ça va plus vite et que c'est plus efficace.

Enfin, pour tous, les respecter, c'est ne jamais leur faire « la honte » devant leurs copains ou devant des adultes étrangers à la famille. Surtout pas de réprimande publique, on attend d'être en tête à tête.

« Qui c'est le chef ? »

C'est la question que le petit enfant pose, par son comportement, dès son plus jeune âge. Il la reposera, année après année, puis, avec plus d'acuité encore, à l'adolescence. « Qui c'est le chef, à la maison ? », « Qui décide pour moi de ce qui me concerne ? » sont des interrogations récurrentes de la part d'un petit bonhomme haut comme trois pommes, qui rêve de tout régenter et d'être intronisé « calife à la place du calife ».

• *Une question importante*

À cette question, il faut répondre le plus tôt possible et sans ambiguïté. Sinon l'enfant la reposera, encore et encore, jusqu'à se rendre infernal. L'enfant fait tout son possible pour prendre le pouvoir, allant jusqu'à épuiser les adultes, mais supplie intérieurement que ses parents le prennent et l'assument à sa place. Rien ne serait plus dommageable que de répondre implicitement : le chef, c'est toi. Comment voulez-vous qu'un enfant qui se sait tout petit dans un monde de grands, un monde bien compliqué dont il ne sait rien, se sente en sécurité si ses parents, censés savoir ce qui est bien, lui laissent la décision des opérations ? Or c'est souvent le cas. Cette question : « Qui décide à la maison, en ce qui concerne votre enfant (comment il s'habille, ce qu'il mange, où il dort, etc.) ? », je la pose régulièrement à des parents qui viennent me consulter, et il n'est pas rare du tout que ceux-ci, très honnêtes, me répondent : c'est lui, c'est elle. Lui ou elle étant un enfant qui ne leur arrive même pas à la taille et dont le vocabulaire est encore rudimentaire.

Sonia est une jeune femme souriante et épanouie, mère comblée et fatiguée d'une petite Noa de vingt mois. Émerveillée par les progrès de sa fille, elle me dit :

« Vous vous rendez compte, elle est déjà capable, le soir, de mettre ses cassettes dans le magnétoscope, de prendre la télécommande et de mettre toute seule ses dessins animés en route.

– Ah, très bien !

– Il n'y a qu'un problème, c'est qu'après on ne peut plus l'arrêter.

– Ah bon ?

– Non, à 10 heures du soir, elle y est toujours et nous, on ne peut plus regarder nos programmes à la télévision.

– Vous dites que vous ne pouvez plus l'arrêter, mais avez-vous essayé ?

– Ah oui, mais elle pleure. »

Pour cette maman bien intentionnée, on ne fait pas pleurer sa petite fille de vingt mois. On s'émerveille de son savoir-faire, puis on la laisse librement l'exercer, même à ses dépens. La maman ne voyait pas « au nom de quoi » elle priverait sa fille de son plaisir favori, ni comment elle assumerait d'être la cause de son désespoir.

• *Se sentir fort et important*

C'est le but poursuivi par l'enfant qui cherche très régulièrement à prendre le pouvoir sur ses parents (ou les autres adultes auxquels il a affaire). Pour se sentir « quelqu'un », il a besoin de « gagner » dans le conflit, ou d'être celui qui décide ou, à défaut, de ne pas les laisser gagner (ou de leur rendre la victoire amère). Le parent se sent attaqué, menacé dans son rôle, provoqué. S'il répond dans le même registre, le conflit est assuré. S'il ne dit rien, c'est son rôle qui est en danger.

Il ne faut pas oublier de voir le bon côté des choses. Les enfants qui s'opposent et veulent décider sont des enfants au caractère bien trempé, solide. Ils n'ont pas peur de l'affrontement. Ce sont des enfants auxquels on va pouvoir rapidement laisser prendre des responsabilités. Ils ont besoin de sentir qu'on tient compte de leur présence, de leurs désirs, de leurs opinions.

L'attitude des parents dépend bien évidemment de l'âge de l'enfant. À deux ans, on n'est le chef que de son armée d'ours en peluche. Plus tard, on peut décider de bien d'autres choses, si on a fait ses preuves. Mais les enfants, jusqu'à la fin de l'adolescence, gagneront à sentir qu'il y a, au-dessus d'eux, quelqu'un de fort, qui sait ce qui est bon pour eux, qui est capable de les protéger et qui assume pleinement son rôle de chef de famille, sans l'intention de démissionner.

Dans tous les cas, ces quelques pistes seront utiles.

– Soyez clair sur ce que vous voulez et les limites que vous voulez mettre au comportement de l'enfant.

– Signifiez votre décision en vous expliquant sans vous justifier. Les actes, posés avec gentillesse mais fermeté, valent mieux que les mots (on a vu où la colère pouvait entraîner).

– Ayez confiance dans le fait que l'enfant fera ce que vous avez décidé.

– Mettez en place des routines qui vous conviennent et laissez-les ensuite faire le travail à votre place.

– Si l'âge de l'enfant le permet et que le problème se reproduit, parlez-en avec lui, hors temps de conflit, afin de tenter de trouver ensemble une solution qui convienne aux deux.

– Quand il est clair que votre enfant (je ne parle pas ici des adolescents) vous défie et vous provoque, gagnez l'échange de façon décisive. Si vous sentez que sa question est : « Qui c'est le chef ? Qui décide ? », répondez-lui et montrez-lui, avec affection et clarté, que c'est vous.

• *Prendre le pouvoir sur vos émotions*

L'enfant se sent petit face à vous qui êtes grand et cela le fait enrager. Ne pas être plus grand et plus capable est la source de sa plus grande frustration. Le désir de prendre le pouvoir sur ses parents pour se sentir enfin grand est une motivation puissante. Il sait très bien que vous laisser emporter dans une colère incontrôlée n'est pas ce que vous voulez et que vous le regretterez ensuite en vous excusant même parfois auprès de lui. Aussi, parvenir, par son comportement, à vous faire sortir de vos gonds lui permet de se sentir puissant. C'est une victoire sur vous, même si vous l'envoyez dans sa chambre et que vous croyez avoir eu le dernier mot.

Il est fréquent qu'une maman me demande : « Mais pourquoi me fait-il tous les soirs le même plan où je dois lui demander cent fois de ramasser ses chaussures et de les ranger dans le placard plutôt que de les laisser traîner dans l'entrée. Cela me rend folle, à chaque fois je m'énerve et la soirée est foutue. Il le sait, il pourrait faire un effort ! Pourquoi ne le fait-il pas ? » La maman a elle-même énoncé la réponse dans sa question : parce que cela la rend folle. L'enfant a trouvé le bouton sur lequel appuyer pour la manipuler : il ne va pas se passer de ce plaisir ! Non qu'il soit particulièrement pervers ou manipulateur : il est juste comme tous les enfants.

La règle importante à retenir est celle-ci : si vous avez un enfant qui fait quelque chose que vous n'aimez pas, et que vous vous mettez systématiquement hors de vous, vous avez neuf chances sur dix qu'il continue, rien que pour vous !

Le besoin d'expérimenter

C'est par ses mains, par ses pieds, par sa bouche que le petit enfant découvre le monde. Cette impulsion à aller vers, à découvrir est d'une force incroyable. À deux ans, tout l'intéresse, tout l'attire. À cinq, il est encore facile de susciter son enthousiasme pour aller vers de nouvelles expériences. Quand on voit l'apathie de certains adolescents à l'âge du « bof ! » et la difficulté qu'il peut y avoir alors pour les mouvoir ou les motiver, on conçoit toute la richesse de cette pulsion exploratrice.

L'enfant n'apprend pas le monde dans une encyclopédie, ni à la télévision ou sur Internet, ni par les discours de ses parents. Il apprend en manipulant, en tripotant, en démontant et en portant à la bouche. Le désir de toucher à tout en fait un enfant traînant dans son sillage beaucoup de bruit et de désordre. Pas un tiroir, pas un bas d'armoire ou de placard, pas un sac à main ou un porte-documents, pas une corbeille n'échappent à sa curiosité. Si l'enfant n'est jamais en repos, c'est qu'il a beaucoup à faire et beaucoup à apprendre… C'est parfois difficile à supporter par l'entourage, mais c'est le signe d'un enfant sain et normal. C'est l'enfant qui reste sagement à sa place qui devrait bien plus inquiéter les parents.

Alors oui, votre enfant a un désir immense de vous faire plaisir. Oui, il se souvient que vous avez interdit qu'il vide le contenu du tiroir ou feuillette vos livres. Mais il en a tellement envie qu'il ne peut pas se retenir. La pulsion d'aller à la découverte du monde et de s'entraîner (à sauter, courir, escalader) est bien plus forte que celle qui le pousse à être le gentil petit garçon de maman. Tripoter, toucher, c'est totalement irrésistible. Tant mieux, pourvu que cela dure. C'est cette même pulsion de découverte qui lui permettra, à l'adolescence, de partir explorer le monde malgré vos peurs et vos interdits.

Il n'y a qu'une solution, meilleure que se fâcher et interdire : rendre impossible d'accès aux petites mains tout ce qui est fragile, précieux ou dangereux. Les parents sont responsables de faire vivre leur enfant dans un endroit sécurisé, où il pourra s'ébattre en liberté, plutôt que de devoir être sans arrêt sur son dos pour l'empêcher de faire ce qu'il veut faire.

Cela n'empêche évidemment pas que l'enfant soit confronté à un certain nombre d'interdits. Les parents doivent juste comprendre que, si l'enfant désobéit, ce n'est pas par méchanceté ou mauvaise volonté, mais souvent parce qu'il est emporté par sa vitalité et son envie de connaître le monde.

Le besoin de jouer

« Le jeu devrait être considéré comme l'activité la plus sérieuse des enfants » (Montaigne).

Jouer, pour le petit d'homme, est indispensable à son développement. Tout enfant en bonne santé joue. Dès les semaines qui suivent sa naissance, le bébé joue : en regardant sa main, en s'écoutant produire des sons, en suivant du regard ce rayon de soleil à travers le rideau…

Puis, au fil des mois et des années, l'enfant se sert du jeu pour se développer, évoluer, exercer ses capacités toutes neuves. Le petit invente et construit des jeux qui le conduisent dans le monde des désirs et de l'imaginaire.

Jouer, pour l'enfant, est comme un travail pour nous : une activité respectable, sérieuse, qui l'aide à grandir, où il s'investit totalement. Pour le petit, tout est synonyme : jouer, expérimenter, travailler, rêver, découvrir, apprendre.

• *Le jeu : ce qui s'y joue*

Le jeu est la manière pour l'enfant d'imiter et d'apprendre sur le monde et sur lui-même. À travers l'imagination et l'exploration, il découvre son corps et ses capacités, ses émotions, il développe son langage et sa façon de communiquer.

Par le jeu, l'enfant acquiert la maîtrise du monde extérieur. En construisant un mur de cubes, il apprend à manipuler les objets. En courant et en sautant, il devient maître de son corps.

Il affronte des problèmes psychologiques en revivant par le jeu les difficultés qu'il a affrontées dans la journée (quand, par exemple, il inflige à son ours le traitement qu'il a subi).

En jouant, l'enfant s'exprime. Il resterait ignorant de ses sentiments ou serait dominé par eux s'il ne les mettait pas en actes dans ses jeux. L'enfant se sert du jeu pour maîtriser des difficultés complexes du passé et du présent. Il exprime par le jeu ce qu'il serait bien incapable de dire avec des mots.

Enfin il apprend les relations sociales en comprenant qu'il doit s'adapter aux autres s'il veut voir durer un jeu agréable.

• *Inutile d'essayer de l'en empêcher*

Vous l'avez compris : jouer est l'essentiel de sa vie, jouer est essentiel à sa vie. Alors les adultes qui disent à l'enfant : « Arrête de jouer avec ta cuiller », « Arrête de jouer et viens dîner », etc., ont forcément du mal à être entendus. Ils luttent contre une pulsion très forte qui est un vrai besoin. Celle-ci diminue avec l'âge, pour s'éteindre complètement chez certains adolescents (hormis les jeux vidéo qui continuent à mobiliser les jeunes, de sexe masculin pour la plupart). Si l'enfant joue sans arrêt, ce n'est pas pour embêter ses parents ni parce qu'il refuse d'être « sérieux cinq minutes », c'est parce qu'il est un enfant.

Pour s'en sortir avec des enfants jusqu'à l'âge de raison, une seule solution : faire du quotidien un jeu. Ce n'est pas si difficile de jouer à se laver avec l'éponge-grenouille, de jouer à celui qui sera en pyjama le premier ou de jouer à l'école pour apprendre ses lettres.

L'égocentrisme

Parler de l'égocentrisme de l'enfant, ce n'est pas dire du mal de lui ou le traiter de sale égoïste, c'est simplement décrire l'état de son psychisme dans la petite enfance.

Lorsque l'enfant vient au monde, il s'en croit le centre (ego-centrisme = moi au centre). Pendant quelque temps, rien ne le détrompe. S'il a faim, un sein gorgé de lait ou un biberon vient se glisser dans sa bouche. S'il a froid, on le couvre. S'il veut de la compagnie, il est pris dans les bras et tendrement bercé. Le monde est à son service et obéit à ses moindres désirs. Pas étonnant qu'il se croie tout-puissant !

Les mois passant, les choses se gâtent. Sa Majesté le bébé est prié d'attendre son repas qui n'est pas prêt, doit dormir tout seul dans son petit lit loin des bras maternels, se découvre des rivaux en la personne d'autres enfants bien désireux de ne pas leur laisser la place, etc. Progressivement, l'enfant découvre et va devoir accepter :

1) qu'il n'est pas au centre du monde, qu'il n'en est même qu'un infime élément ;
2) qu'il n'est pas plus important que n'importe qui d'autre ;
3) qu'il est petit et impuissant.

Cela ne va pas se faire en un an, ni même en dix. Cela ne va pas se faire non plus sans douleur. D'où les revendications de pouvoir que l'on rencontre lors de la crise d'opposition, au moment où justement l'enfant commence à réaliser qu'il n'a quasiment aucun pouvoir. Quand le petit enfant dit « à moi », « pour moi », accapare tous les jouets ou cherche à mobiliser toute l'attention, ce n'est pas qu'il ait un mauvais fond, ni, encore une fois, qu'il soit égoïste. C'est juste qu'il a l'âge qu'il a. Chaque être humain traverse une phase où il se croit d'abord tout-puissant puis où il doit progressivement se résoudre à descendre de son trône. Au fil des années, parce que son éducation l'y aide, il sort de son égocentrisme et commence à prendre les autres en compte, à leur faire une place.

La générosité et l'altruisme ne sont pas innés. Ils surviennent en leur temps et sont le fruit d'un apprentissage.

Connaître cet égocentrisme et les douleurs d'en sortir (il en reste forcément des traces toute la vie), c'est posséder une clé importante pour élever son enfant.

Le principe de plaisir

Le jeune enfant est sous la dépendance de ce que les psychologues appellent le « principe de plaisir ». Cela signifie qu'il considère son plaisir comme tout-puissant, au point d'exiger sa satisfaction immédiate. Quand il veut quelque chose, il le veut précisément et tout de suite. La frustration apportée par le fait qu'il n'a pas exactement ce qu'il veut ou qu'il l'a avec un délai est difficilement supportée. Non seulement le petit enfant veut tout (la voiture de pompier, la sucette, les bras, etc.), mais il le veut immédiatement. Attendre « une minute » lui semble impossible. Alors qu'il a cent ans de vie devant lui, il ne peut différer d'un instant la satisfaction de son désir.

• *Un principe qui doit évoluer avec l'âge*

La phase où l'enfant est sous la dépendance du principe de plaisir est la même que celle où il est totalement égocentrique. Son absence de maturité et son ignorance ne lui permettent pas de se mettre à la place des autres, encore moins d'en tenir compte dans son comportement. C'est aux parents, lorsque l'enfant grandit, de lui expliquer qu'il doit prendre en compte d'autres réalités, d'autres désirs qui s'opposent au sien. Si son plaisir est de s'emparer du joli saut en plastique rouge de son copain de bac à sable, il va vite réaliser qu'il trouve en face de lui un autre désir de force égale : celui du copain de récupérer son seau.

En grandissant, l'enfant découvre que son désir est un des éléments de la réalité, mais que c'est loin d'être le seul. Découverte cruelle, que certains « adultes » n'ont pas encore assimilée.

Ce qui est normal et acceptable de la part du nourrisson qui exige son biberon à grands cris l'est déjà moins (quoiqu'encore normal) de la part de la petite fille de trois ans qui se roule par terre parce qu'on lui refuse un quatrième tour de manège, et carrément plus du tout de la part de l'adolescent qui fait la tête une semaine parce qu'il n'a pas eu le téléphone portable dernier cri.

• *Vers le principe de réalité*

Comme dans les besoins précédemment traités, les parents doivent comprendre que l'enfant qui exige tout de suite n'est pas désagréable ou mal élevé, c'est seulement un enfant qui vit encore sous le principe de plaisir. Mais, pour que l'enfant passe progressivement du principe de plaisir au principe de réalité (que l'on pourrait décrire comme : « Je peux avoir certaines choses mais pas toutes, certaines demandent un délai, d'autres des efforts ou des sacrifices pour les obtenir »), les parents ont tout un travail éducatif à effectuer.

Ce travail consiste à frustrer leur enfant progressivement dans certains de ses désirs, dans une mesure qu'il peut supporter, afin de lui apprendre la vie comme elle est. Si les parents ne font pas ce travail, la vie s'en chargera, mais avec beaucoup moins de délicatesse et bien plus de souffrances pour l'enfant. On voit par exemple le cas de jeunes adolescents qui, incapables de résister à leur désir, volent dans les magasins ou dans la rue ce qui leur fait envie, et se retrouvent devant le juge pour enfants, au grand désarroi de leurs parents.

Continuer à combler ses enfants en entretenant chez eux l'illusion qu'ils peuvent avoir « tout, tout de suite » est assez facile et rassurant pour les parents. Les enfants sont satisfaits (pas forcément heureux), les parents se sentent bons, gentils. Mais cela ne peut pas durer car cette loi n'est pas celle de la vie. Laisser croire aux enfants que tous leurs désirs peuvent être comblés dans l'immédiat et sans effort de leur part n'est pas un cadeau à leur faire. Face à l'existence, ils seront perdus.

Dans le principe de plaisir, l'enfant ne tient compte que de son propre plaisir ; dans le principe de réalité, il tient compte du monde comme il est.

« Tant que je gagne, je rejoue »

Cette attitude découle des théories de l'apprentissage qui seront développées au chapitre suivant. Ici, il s'agit juste de montrer comment l'enfant s'en sert (et avec quelle efficacité !) à l'insu de ses parents et contre leur volonté explicite.

• *Pourquoi l'homme joue-t-il aux machines à sous ?*

Imaginez un homme qui joue avec une machine à sous. Il met une pièce, il abaisse la manette, la machine lui en rend deux. S'il gagne à tous les coups, évidemment, il rejoue. Imaginez maintenant une machine réglée pour ne jamais faire gagner le joueur : l'homme va essayer quelques fois, pour voir, puis, découragé par ses échecs successifs, il va cesser de jouer.

Enfin, imaginez une machine « normale » : le plus souvent, la pièce disparaît dans la machine et l'homme n'obtient rien en retour. Mais, une fois de temps en temps, sans que cela puisse être prévisible, la machine crache soudain une dizaine ou une centaine de pièces. Que fait notre homme ? Ce que font tous les joueurs du monde : il joue, encore et encore, même s'il sait bien, logiquement et calculs faits, qu'il ne peut être que perdant à long terme. Il rejoue parce qu'il espère le gain : c'est tellement bon de gagner que, même si c'est rare, cela vaut toute la patience et les investissements précédents.

• *Pour l'enfant, c'est pareil*

Si vous admettez que l'enfant se comporte avec ses parents comme le joueur avec les machines à sous, vous avez là une clé extraordinaire de compréhension du comportement de l'enfant. Vous comprenez enfin :

– pourquoi il saute sur le canapé alors que c'est interdit ;
– pourquoi il geint pour avoir un pain au chocolat alors qu'il sait que le dîner est dans une heure ;
– pourquoi il continue à venir se glisser dans le grand lit la nuit alors que, s'ils s'en rendent compte, ses parents le ramènent aussitôt dans le sien ;
– pourquoi il fait des histoires pour que ce soit sa mère qui l'habille alors qu'il sait très bien qu'elle est pressée le matin et que ça va l'énerver, etc.

Réponse : parce que ça marche, au moins de temps en temps.

• *Quand cela marche à tous les coups*

Parfois cela marche à chaque fois, les parents se faisant simplement prier un peu. C'est le cas de Manon. Chaque fois qu'elle accompagne sa mère au supermarché, elle réclame un paquet de chewing-gums. « C'est non. Tu sais très bien que je n'aime pas te voir mâcher un chewing-gum.

– Maman, s'il te plaît, juste un paquet.

– Non, pas cette fois. C'est mauvais pour l'estomac. Et puis c'est laid de voir un enfant mâchouiller toute la journée.

– Mais tu ne me verras pas, je ne les mangerai pas à la maison !

– Ni à l'école, j'espère.

– Mais non, promis.

– Bon d'accord, prends-toi un paquet, mais c'est la dernière fois ! » Dans un cas comme celui-là, où l'enfant finit toujours par obtenir gain de cause, les conflits sont rarement importants, les parents lâchant assez rapidement. L'enfant demande à chaque fois, assuré d'obtenir ce qu'il veut. L'échange qui précède n'est qu'une forme de routine, de jeu relationnel.

Mieux vaudrait cependant que la règle implicite (ici : « Tu ne manges pas de chewing-gums ») soit changée et remplacée par la règle effective (« Tu as droit à un paquet de chewing-gums chaque fois que l'on va ensemble au supermarché »).

Quand un fait nous échappe, feignons d'en être les auteurs…

• *Quand cela marche de temps en temps*

Comme dans le cas de notre homme face à sa machine à sous, lorsque le gain est plus rare, il est aussi plus important. Donc plus valorisé. Si bien qu'on ne renonce pas facilement.

Si les parents ont fini, parce qu'ils étaient trop fatigués pour tenir leur position, de guerre lasse, par céder une fois, l'enfant a appris une chose (et cela, il l'apprend plus facilement que la table de multiplication !) : il faut insister pour obtenir.

C'est ce qu'a compris Léopold, cinq ans. Le soir, après que ses parents l'ont couché et se sont installés au salon devant la télévision, Léopold se relève et les rejoint au salon en demandant un verre d'eau. Retour au lit accompagné de maman, avec bisou, câlin et verre d'eau. Dix minutes après, Léopold revient, doudou sous le bras. On lui fait la leçon, on lui explique qu'il faut dormir, et maman le recouche, mais sans câlin. Cinq minutes plus tard, réapparition de Léopold qui veut faire pipi. Retour au lit avec papa, encore moins aimable. Nouvelle réapparition de Léopold, l'air tout malheureux, à un moment crucial du film. « Bon d'accord, viens te glisser cinq minutes entre nous. Mais juste ce soir. »

Léopold a gagné. Dans son échelle personnelle des gains, il a tiré le gros lot. Cela valait le coup de revenir quatre fois. Cela vaut aussi le coup de recommencer chaque soir, même si cela ne marche pas à tous les coups (certains programmes sont moins passionnants que d'autres). Léopold sait qu'insister, ça paye. Adieu, soirées tranquilles !

Ces cas où l'enfant gagne de temps en temps sont les cas les plus durs, où l'enfant insiste le plus longtemps, et qui génèrent les conflits les plus importants.

• *Quand cela ne marche jamais*

Pas plus idiot que notre joueur, l'enfant cesse de mettre des pièces.

Le besoin d'attention

J'ai gardé pour la fin le point le plus important à avoir en tête. L'enfant a besoin d'attention. Un besoin crucial. Par son comportement, il montre parfois qu'il a davantage besoin d'attention que de gestes tendres, au point de se conduire de manière infernale pour qu'on s'occupe de lui. Ce n'est pas tout à fait exact. Si l'enfant peut avoir l'attention **et** les manifestations d'amour, alors il est plus heureux qu'un roi. Mais s'il ressent (et dans ce cas comme dans les autres, son ressenti est beaucoup plus déterminant que la vérité des faits) que, lorsqu'il est sage, on ne prête plus attention à lui, il va se déchaîner. Il préfère encore mobiliser ses parents par des conflits plutôt que de se sentir transparent.

• *Un sentiment d'appartenance*

L'enfant veut être important (rappelez-vous son égocentrisme) et il veut que chacun lui rende hommage. Pour se sentir exister et construire la confiance qu'il a en lui-même, il doit satisfaire son besoin d'appartenance (à la famille, notamment). Or le petit enfant se sent important et inclus dans la mesure où il reçoit beaucoup d'attention. Certains, moins sûrs d'eux ou moins sûrs d'être aimés, font leur possible pour recevoir une attention constante et tenir les adultes occupés sans arrêt avec eux.

Si bien que l'adulte se sent irrité, dévoré et coupable en même temps. Il se fâche et demande à l'enfant d'arrêter son comportement. L'enfant s'arrête, mais reprend rapidement le même comportement irritant ou un autre similaire.

• *Des comportements divers*

Quels sont les comportements que l'on peut interpréter comme des demandes d'attention ?

– L'enfant qui essaie de grimper sur les genoux de sa mère lorsqu'elle allaite, lit son journal ou pèle les carottes.

– Celui qui vient sans arrêt avec un jouet en demandant qu'on joue avec lui. Ou, plus généralement, celui qui est sans arrêt en train de demander quelque chose.

– Celui qui se glisse entre ses parents lorsqu'ils font un câlin.

– Celui qui tripote les bouteilles rangées sous l'évier justement quand ses parents sont au téléphone ou dans une discussion sérieuse.

– Celui qui geint ou se plaint en permanence.

– Celui à qui il faut répéter cent fois ce qu'il a très bien entendu dès la première, que ce soit : « Va prendre ta douche » ou : « Enlève tes pieds de la table. »

– Celui qui coupe en permanence la parole des adultes.

– Celui qui se relève ou rappelle dix fois après qu'on l'a couché. Ou qui a des réveils nocturnes.

– Celui qui demande que vous l'habilliez ou le chaussiez ou le fassiez manger alors qu'il est tout à fait capable de le faire lui-même, etc.

Je ne prétends pas que ces comportements ont comme seule et unique explication possible la demande d'attention, mais que c'est chaque fois une hypothèse qui demande à être envisagée, tellement elle est fréquente.

Souvent, elle permet de comprendre le comportement d'un enfant qui fait des scènes chaque soir à propos des mêmes choses. Sa maman et son papa rentrent tard de leur travail. Ils lui ont manqué toute la journée. S'il se tient sage et discret, ses parents vont se détendre, parler ensemble de leur journée, trier le courrier, passer un ou deux coups de fil, revoir les leçons de l'aîné, préparer le dîner… puis ce sera l'heure du coucher. Il est fréquent que le jeune enfant n'y trouve pas son compte : il manque d'échanges avec ses parents, il n'a pas l'impression d'assez compter à leurs yeux. Alors il change de tactique, remplaçant la gentillesse par le refus, le calme par les colères. Il refuse de rentrer dans la baignoire, puis d'en sortir. Il refuse de manger ; puis de se coucher. Il peut aussi faire un ou deux caprices, avoir un comportement notoirement interdit et provocateur, aller embêter un frère ou une sœur, etc. Stratégie payante. Papa ou maman, parfois les deux, sont bien obligés de se mobiliser et de passer leur soirée à s'occuper de lui, parfois jusque tard dans la soirée ou dans la nuit.

• *Un show digne de Broadway*

Il s'agit d'une extension de ce que nous venons de voir. Une des manières les plus évidentes d'attirer l'attention est de se mettre en colère. Une bonne grosse colère, avec ses variantes en option : hurlements à vous percer le tympan, spasme du sanglot, agression (coups à ceux qui s'approchent), auto-agression (coup de tête sur le sol, morsure), vomissement, hoquets interminables, etc. Il y a, dans ces colères des petits enfants (dix-huit mois à quatre ans pour l'essentiel), déclenchées à la suite d'une interdiction ou d'une contrainte minime, une dimension de spectacle évidente. La colère est mise en scène et conçue pour faire un maximum d'effet, ce que l'enfant évalue avec une grande sensibilité. C'est pourquoi elles fonctionnent beaucoup mieux devant un public. Les allées du supermarché ou celles du parc sont des endroits formidables. Mais même un public réduit, familial, peut suffire. Encore faut-il qu'il soit présent et captivé, car un show sans spectateur s'arrête fatalement. Maman sort de la pièce parce que Tom lui casse les oreilles ? Tom la suit dans la pièce à côté et revient pleurer dans ses jambes.

• *Que faire ?*

La solution ne consiste pas à s'occuper de lui vingt-quatre heures sur vingt-quatre, pas plus qu'à faire à sa place ce qu'il est tout à fait capable de faire seul.

La première chose est de s'interroger sur la réalité de ce que ressent l'enfant. Reçoit-il effectivement assez d'attention ? Ses parents lui consacrent-ils suffisamment de temps ? Y a-t-il un motif qui pourrait le faire douter de l'intérêt que ses parents lui portent (naissance d'un puîné, soucis familiaux, etc.) ? Faire lucidement la part de la vérité entre ce que l'enfant ressent et les données objectives est important. Selon que les parents se sentent coupables de leur manque de disponibilité ou qu'ils se disent qu'honnêtement ils en font assez, ils n'auront pas la même facilité à mettre un terme aux demandes excessives de l'enfant.

Une pratique que l'enfant apprécie particulièrement, parce qu'elle lui fait justement penser qu'il est quelqu'un d'important, digne d'attention, c'est le « temps spécial » que lui consacrent ses parents, lorsque son père ou sa mère prend un moment pour faire une activité en tête à tête avec lui, à la maison ou au dehors. L'enfant est très sensible à ces rendez-vous planifiés. L'idéal est que chaque parent ait régulièrement un de ces moments spéciaux avec chacun de ses enfants, ne serait-ce qu'au moment du coucher.

Un enfant qui râle, réclame ou dérange est souvent un enfant inquiet. Les parents parviennent parfois à le rediriger sur une activité constructive et plaisante qui monopolise suffisamment son attention. Dans le cas où l'enfant persiste et devient particulièrement irritant, il est important de garder son calme et de ne pas le rejeter, ce qui ne pourrait qu'ajouter à sa confusion et à sa détresse. Une phrase comme : « Je t'aime et tu es ma petite fille chérie. Là, je finis ce que je suis en train de faire et, tout à l'heure, nous ferons un puzzle » permet souvent de calmer le jeu.

SUR QUELS MÉCANISMES LES PARENTS PEUVENT-ILS S'APPUYER ?

En plus de ceux qui découlent directement de ce que nous venons de voir, il existe un certain nombre de mécanismes sur lesquels les parents peuvent s'appuyer et qui rendent le travail d'éducation (et plus particulièrement d'autorité) plus facile.

La connaissance de l'enfant

Pour bien éduquer son enfant, il est indispensable, nous l'avons dit, de bien connaître son développement. Cela permet de savoir ce que l'on peut raisonnablement attendre de lui, quelles responsabilités il peut assumer et de quelle autonomie il a besoin.

• *N'attendez pas l'impossible*

Une erreur fréquente des parents consiste à attendre de l'enfant plus qu'il ne peut donner à son âge. Or savoir précisément ce que l'on peut exiger de chacun évite de leur reprocher de ne pas fournir un effort qui lui est encore impossible. Cette erreur est surtout fréquente chez les jeunes parents confrontés à leur premier enfant. La connaissance fine de ce qu'est un enfant à tel ou tel âge permet de faire la part des comportements sur lesquels les parents peuvent « glisser » parce qu'ils sont normaux à ce stade et qu'ils disparaîtront d'eux-mêmes, et les comportements réellement inacceptables sur lesquels ils peuvent exercer une pression éducative.

Attendre d'un enfant de trois ans qu'il se tienne correctement et patiemment à table toute la durée d'un repas d'adultes est absurde. Emmené le soir au restaurant, il est normal que l'enfant gigote, cherche à descendre de sa chaise, fasse tomber sa fourchette, etc. Dans une telle situation, l'enfant n'est en rien fautif. C'est aux parents d'anticiper la situation et de l'adapter à l'âge de leur enfant. En revanche, lors d'un repas familial « normal », il sait déjà, à trois ans, qu'on ne grimpe pas sur la table et qu'on ne mange pas avec ses doigts (même si cela lui arrive encore).[1]

• *L'enfant n'est pas un adulte miniature*

Les enfants ne pensent pas comme les adultes. Au regard des standards adultes, le comportement des enfants est le plus souvent absurde et illogique. Inutile alors d'essayer de les comprendre d'après leurs comportements personnels matures et expérimentés. Le jeune enfant n'a pas le sens du temps : inscrit dans le présent, il ne réagit qu'en fonction des éléments dont il a connaissance. Il obéit souvent à ses impulsions, et la réflexion n'a pas encore le temps de le retenir. Il ne perçoit pas les nécessités qui vous semblent évidentes : aller à son travail, dormir, manger du poisson. Il peut être parfaitement convaincu qu'un monstre est caché sous son lit. Etc.

Assumer l'idée erronée selon laquelle « l'enfant est un adulte miniature » peut provoquer des dégâts. Elle va avec la conviction que l'enfant est naturellement bon, généreux et raisonnable. S'il se comporte mal, c'est probablement qu'on ne lui a pas donné assez d'informations pour aboutir à la

---

1. Pour plus de détails sur le développement de l'enfant, voir *Le Livre de bord de votre enfant de 1 jour à 3 ans* et *Le Livre de bord de votre enfant de 3 à 6 ans*, Anne Bacus, Marabout, 2001 et 2002.

bonne conclusion. Alors les parents expliquent, mettent des mots, donnent des raisons, comme ils le feraient avec un adulte. C'est utile sur le long terme, mais le plus souvent inefficace immédiatement.

Je n'ai pas encore rencontré de parents qui auraient expliqué à leur fils de sept ans qu'il ne fallait pas donner de coups de pied à sa petite sœur parce que cela lui fait mal, et qu'il n'aimerait pas qu'on lui fasse, et qui se seraient attirés comme réponse : « Oh, c'est vrai, vous avez raison, je n'y avais pas réfléchi. Dorénavant je vais arrêter. » Si c'était le cas, j'aimerais qu'on me présente ce jeune phénomène…

Il n'est pas inutile d'expliquer pour que la discipline ait du sens et puisse évoluer en autodiscipline. Mais ce n'est pas cela qui est efficace sur la modification rapide du comportement de l'enfant. Les parents qui le croient passent beaucoup de temps à expliquer et raisonner l'enfant, finissant par le lasser. Le plus jeune n'écoute plus, le plus grand commence à trépigner ou sort carrément de la pièce. Les parents, constatant que l'enfant continue à avoir le même comportement, pensent qu'il fait preuve de mauvaise volonté et se fâchent. Cela tourne généralement mal.

Le petit enfant n'est ni généreux ni raisonnable ; il est égocentrique et illogique (ou plutôt il a une logique à lui, bien particulière). Le travail des parents est justement de le faire évoluer. Connaître les enfants, les comprendre, savoir qu'ils ne sont pas des adultes en modèle réduit mais qu'ils ont leur fonctionnement propre, évitent bien des crises et des déceptions.

Le langage de l'enfant

Le bébé et le petit enfant parlent une langue bien à eux dont nous avons perdu les codes. Même à l'âge où il parle déjà et semble tout comprendre, entre deux et cinq ans environ, l'enfant n'est pas encore totalement immergé dans le langage « adulte ». Mieux vaut lui parler surtout le « non-verbal » si on veut communiquer de manière efficace. Ne lui parler qu'avec des mots, c'est prendre le risque de ne pas se faire comprendre. Si on le rejoint, si on apprend son langage en même temps qu'il apprend le nôtre, il deviendra inutile de répéter cent fois la même chose pour se faire entendre. En effet, le petit enfant n'a aucune idée préconçue. C'est aux adultes de lui dire les règles ou ce qui est bon pour lui, comme : « Chacun dans son lit », « On se couche à 8 heures », etc. L'enfant est tout près à nous croire pourvu qu'on se comprenne.

• *Le langage du petit enfant, c'est parler avec son corps*

Cela se traduit par tous les comportements de tendresse et de proximité physique. Quand il parle avec son corps, le petit parle aussi avec ses malaises, ses vomissements, sa fièvre quand on sort le soir. Il parle lorsqu'il se débat parce qu'il refuse (d'être changé ou autre). Pour nous, parler à son corps, outre les câlins, les chatouilles, les jeux dans le bain, c'est aussi l'entraîner loin d'une bêtise à faire ou arrêter sa main qui se lève pour taper.

• *C'est parler avec l'émotion*

Le petit est tout le temps dans l'émotion : il rit, il râle, il pleure, il a peur, il est tendre, etc.

Parler avec l'émotion, pour nous, consiste à mettre des mots sur ses émotions et sur les nôtres. Ne pas retenir l'expression, bien au contraire : on fait les gros yeux, on « joue » la fatigue, on montre sa joie dans un sourire qui engage tout le visage. La voix aussi traduit très clairement l'émotion.

• *C'est parler avec l'acte*

Le bébé parle ainsi : il se débat quand il n'est pas d'accord, il s'enfuit en courant à l'autre bout de l'appartement, il jette son assiette par terre lorsqu'il n'a plus faim, il va chercher son manteau s'il veut aller se promener, il nous regarde bien en face et tend la main vers l'objet interdit.

C'est pourquoi nous devons également, pour nous faire comprendre de lui, lui parler avec des actes : aller le chercher par la main s'il ne vient pas quand on l'appelle, retirer l'assiette de purée s'il plonge les mains dedans, etc.

• *C'est parler avec les yeux*

Tant que vous ne captez pas le regard d'un enfant, vous n'avez pas son oreille non plus. Tant qu'il ne vous regarde pas, l'enfant se sent autorisé à faire celui qui n'entend pas. C'est vrai du petit enfant qui ne vous regarde pas en face, sauf pour vous provoquer. C'est vrai du plus grand quand il a fait une bêtise et qu'on lui dit, relevant son menton : « Regarde-moi dans les yeux quand je te parle. » Mais c'est aussi vrai de l'adolescent rebelle qui ne lève pas les yeux de son livre alors que vous tentez de vous expliquer avec lui.

En résumé, quand on veut parler la langue d'un petit enfant qui vient de faire une bêtise, pour bien se faire comprendre de lui, on l'interpelle par son prénom, on va le chercher par la main, on se met à sa hauteur, on capte son regard, on lui fait les gros yeux, la grosse voix, on explique la règle avec des mots simples, puis on passe à autre chose.

Distinguer le besoin et l'envie

Un enfant a besoin de laitages, il n'a pas besoin des derniers yaourts à la fraise avec des céréales dedans et de la crème Chantilly par-dessus : il en a simplement envie. Il a besoin de chaussures de sport, il a envie de chaussures de marque. Il a besoin de la présence de ses parents, il a envie que maman se couche à côté de lui jusqu'à ce qu'il s'endorme. Et ainsi de suite.

Les besoins des enfants sont essentiels et doivent à tout prix être satisfaits, mais ils sont, heureusement, en quantité limitée. Besoin de nourriture et de chaleur, besoin d'amour et d'appartenance, besoin de connaissance et de reconnaissance : tous les parents dignes de ce nom comblent naturellement les besoins de leurs enfants, sans se poser de questions.

L'attitude à avoir en ce qui concerne les désirs est beaucoup plus problématique. Lesquels satisfaire ? Lesquels considérer comme légitimes ou comme excessifs ?

• *Le désir, un élan positif*

Le désir n'est non seulement pas mauvais, mais il est même indispensable. C'est parce qu'il désire ce qu'il n'a pas que l'enfant fait l'effort de s'exprimer et d'aller lui-même vers ce qu'il veut atteindre. Un enfant qui serait comblé avant même d'avoir à demander n'aurait plus besoin de désirer : il n'est pas certain qu'il accède au langage. Parler pourquoi, si tout est là avant qu'on le réclame ?

Le désir est une tension qui tire chacun en avant, l'obligeant à se dépasser, à donner le meilleur de lui-même. Sans ce moteur, il serait bien difficile de se mobiliser pour faire les choses désagréables. C'est parce qu'il désire s'acheter un jeu que l'enfant met de l'argent de côté ou travaille pour en gagner. C'est parce qu'il désire passer dans la classe supérieure ou faire plaisir à ses parents que l'enfant apprend ses leçons.

Que l'enfant désire beaucoup est un signe de bonne santé et de vitalité. Les parents doivent ensuite lui apprendre que tout désir a un prix et qu'y accéder demande des efforts.

• *Comment y répondre*

Les enfants vivent aujourd'hui dans une société qui les tente en permanence. Elle s'adresse directement à eux par le biais de la publicité, suscitant continuellement leur désir d'acquérir de nouvelles choses. Gérer le désir des enfants est devenu difficile. Parfois, les moyens financiers des parents ne leur permettent pas d'acheter à l'enfant ce qu'il demande, et ils le regrettent. Parfois, les parents considèrent que les demandes sont exagérées, ils refusent et les conflits sont alors inévitables.

Faire la différence entre le besoin et le désir est une grande aide. On peut toujours expliquer à son enfant que ses besoins sont couverts au-delà du raisonnable (se comparer à d'autres moins bien lotis peut être utile). Il a des désirs ? Tant mieux. Un désir est un projet qui s'inscrit dans le temps. Il est fait pour être rêvé, pour être entendu, pour être parlé. Parfois pour être satisfait. Mais pas forcément tout de suite, ni obligatoirement sous la forme où il est exprimé. Doser la réponse aux désirs de l'enfant, c'est le moyen idéal pour l'aider à passer du principe de plaisir au principe de réalité.

Avec les plus jeunes, c'est assez simple : ils veulent surtout être entendus et reconnus. On parle avec eux, évoquant leur désir. Si votre enfant réclame la voiture de pompiers aperçue dans la vitrine : « Tu as bien raison d'en avoir envie, elle est très jolie. Mais tu n'en as pas déjà une ? Ah ! Les portes ne s'ouvrent pas, je comprends. Tu sais que ton anniversaire n'est pas très loin… » Le temps de cette petite conversation, on a déjà dépassé la boutique en question depuis longtemps.

Avec les plus grands, discussions et négociations sont essentielles. Leurs désirs sont l'occasion d'apprendre à développer des arguments et à différer leur satisfaction. Ils apprennent à faire un effort pour obtenir ce qu'ils veulent.

Parfois, les parents satisfont les désirs de leurs enfants sans discuter, parfois, ils refusent catégoriquement, expliquant pourquoi, parfois, ils négocient et acceptent partiellement : tout est bien, cela dépend des cas, des enfants, des demandes, des circonstances. Il faut juste se rappeler qu'un enfant dont les désirs sont pris en considération sans être pour autant systématiquement satisfaits vit une frustration. Mais que cette frustration est formatrice, le fortifie et lui permet de se projeter dans l'avenir.

L'enfant se conforme à ce qu'on attend de lui

Si vous collez une étiquette sur un enfant, il va avoir tendance à évoluer de manière à s'en rapprocher. C'est un phénomène qui a été abondamment mis en évidence, dans la pratique clinique comme en laboratoire : tout enfant va avoir tendance à se conformer à ce que l'on pense ou ce que l'on attend de lui. Cela peut servir l'enfant comme se retourner contre lui, c'est pourquoi les parents doivent être très vigilants.

• *L'envie de faire plaisir*

Je vais peut-être surprendre certains parents. Pourtant, j'en suis convaincue. Tout enfant a, au fond de lui, l'envie de faire plaisir à ses parents. Parce que c'est, à ses yeux, le meilleur moyen de continuer à être aimé. Il veut être conforme à ce qu'ils attendent de lui, c'est-à-dire, le plus souvent, sage, gentil et bon élève. Tout enfant préfère rentrer de l'école joyeux et fier, avec un bulletin rempli de bonnes notes, que le contraire.

Fondamentalement, l'enfant veut être aimé de ses parents. Vu leurs exigences, il a vite compris que, pour être aimé, il avait intérêt à tenter de s'y conformer. Mais c'est parfois bien trop difficile : les attentes sont trop importantes, la barre mise trop haut, l'enfant se décourage. S'il renonce à être tel que les parents l'espèrent, il risque de faire le contraire : avoir un comportement infernal ou ne plus rien faire en classe, par exemple. S'il ne peut pas maîtriser la réussite, au moins peut-il maîtriser l'échec.

Les parents qui veulent éviter ce phénomène vont bien sûr définir leurs attentes selon l'âge de leur enfant et ce qu'il est capable de donner. Mais ils vont surtout faire tout leur possible pour convaincre leur enfant qu'il est aimé de manière inconditionnelle. C'est-à-dire qu'il n'est pas aimé, « à condition » qu'il obéisse ou qu'il ait des bonnes notes, mais aimé de toute façon, sans conditions, quoiqu'il fasse ou ne fasse pas.

• *Se méfier des étiquettes*

Vouloir se conformer à ce que ses parents expriment explicitement est une chose. Y arriver en est une autre. Ce sera d'autant plus facile à l'enfant qu'il est convaincu que ses parents lui font confiance et le croient capable d'y parvenir. Quel est l'enfant qui fera le plus de progrès en mathématiques, matière où il a des mauvaises notes depuis quelques mois ? Celui à qui les parents disent : « Décidément tu es nul en maths. Moi, j'étais exactement pareil. Mais bon, c'est indispensable, alors il faut que tu fasses l'effort de remonter tes notes » ? Ou celui à qui les parents disent : « Tu as du mal en maths en ce moment. Mais tu as un esprit très logique, d'ailleurs jusqu'à l'an dernier tu t'en sortais bien. Il n'y a donc aucune raison pour que tu ne te rattrapes pas si tu fais un effort » ? Dans le dernier cas, les parents disent à l'enfant qu'ils croient à sa réussite. Dans le premier cas, ils disent implicitement qu'ils n'y croient pas.

L'enfant à qui on dit qu'il est nul le croit. Celui à qui on dit qu'il est intelligent le croit aussi. Que vaut-il mieux prendre comme viatique pour partir à l'école confiant ?

Une maman est venue me voir récemment. Vinciane, sa petite fille de trois ans et demi, vivait très mal depuis un an l'arrivée de son petit frère. Prise dans une souffrance due à la jalousie et à la rivalité, elle lui arrachait les hochets des mains et le poussait pour le faire tomber lorsque sa mère avait le dos tourné. La maman était inquiète et se demandait pourquoi sa fille était aussi agressive. Nous avons discuté. Je lui ai expliqué qu'il n'y avait pas d'enfant méchant, seulement des enfants en difficulté. Si elle disait à sa fille qu'elle était méchante, celle-ci la croirait. Vinciane, se sentant jugée, découragée et rejetée, serait encore plus en difficulté, donc encore plus agressive. Son estime d'elle-même risquait d'être endommagée. Mieux valait tenter l'inverse.

Le soir même, quand la maman a vu Vinciane bousculer son petit frère qui essayait maladroitement de tenir sur ses deux jambes, elle lui a dit : « Je suis étonnée quand je te vois le pousser. Toi qui es si gentille, comment est-ce possible ? » Vinciane a eu l'air interloquée. Comme si elle se disait : « C'est vrai que je suis gentille, même maman le pense. Je ne peux pas la décevoir. »

Si vous voulez que votre enfant développe telle qualité ou telle compétence, comportez-vous comme s'il l'avait déjà ou comme si son acquisition ne lui posait aucune difficulté. Si vous voulez un enfant gentil, dites-lui qu'il est gentil. Si vous voulez qu'il s'accroche à ses cours de solfège, dites-lui que vous avez toujours remarqué qu'il avait une excellente oreille. Si vous voulez pouvoir faire confiance à votre adolescent, montrez-lui que vous lui faites confiance.

La force de l'habitude

Il n'y a rien de plus difficile à changer que les habitudes. Ce qui implique qu'une fois que l'enfant a pris les bonnes, c'est gagné. L'effort consiste donc entièrement dans le fait de les mettre en place. L'entretien se fait tout seul. Cela tombe bien : l'enfant adore la routine.

• *Installer les habitudes*

Cela se fera d'autant plus facilement que l'enfant est jeune. Les parents peuvent penser qu'ils ont bien le temps d'installer les habitudes de se laver les mains avant de passer à table ou de faire ses devoirs avant de sortir jouer. C'est une erreur : tant que l'habitude ne sera pas en place, il faudra rappeler les choses à l'enfant et être sur son dos, ce qui sera à la longue bien plus pesant que de faire l'effort d'installer l'habitude. Commencer tôt se justifie aussi par le fait que l'on n'a pas, alors, à se débarrasser d'une habitude déjà établie pour en installer une nouvelle, ce qui est toujours très difficile. Installer une habitude demande beaucoup de clarté et de rigueur. L'enfant doit savoir précisément quel est le comportement attendu et les parents doivent l'exiger chaque jour. Aucune exception ; l'enfant ne comprend pas la phrase : « Bon, d'accord pour cette fois, mais cette fois seulement. » Pour vous, c'est une exception ; pour lui, c'est la preuve qu'il peut faire autrement. Si c'est vrai ce soir, ce le sera aussi demain. Donc la vigilance est de rigueur pendant quelques semaines. Puis un jour, ô merveille, l'enfant fait tout seul, jour après jour, ce qu'on avait auparavant besoin de lui rappeler. L'habitude est prise. L'enfant, comme tout être humain, prendra de toute façon des habitudes, que les parents s'en occupent ou non. Sans intervention parentale, les enfants prendront volontiers l'habitude de prendre leur petit déjeuner devant les dessins animés ou de se coucher sans se laver les dents, de dire des gros mots ou de manger des bonbons toute la journée. Alors autant avoir une part active dans le choix des habitudes de vie qu'adoptera l'enfant.

• *S'appuyer sur les rites*

Des gestes habituels qui s'enchaînent peuvent former un rite auquel les enfants sont très sensibles. Établir un rituel lors de la mise au lit (« Pipi, les dents, l'histoire, et au lit »), c'est souvent le moyen de s'assurer des soirs paisibles.

Un autre rite peut consister à aider papa à laver la voiture le dimanche ou à faire une petite lettre aux gens que l'on aime le jour de leur anniversaire ou à cuisiner des frites tous les samedis soir. La liste est infinie.

Les rites et les rituels mettent de la douceur dans la vie familiale et ses contraintes. Ils sont propres à chaque famille et donnent à l'enfant un fort sentiment d'appartenance. Ils font souvent le lit des meilleurs souvenirs.

Chaque bon côté a son revers. Le goût que l'enfant a pour les habitudes et les rites peut devenir un problème lorsqu'il s'agit d'apporter du changement dans son existence. Demandez aux enfants : cela ne les gêne pas de manger tous les jours des pâtes au gruyère, de regarder cent fois la même cassette ou d'aller chaque année en vacances au même camping. En contrepartie, ils ont une vraie réticence au changement. Un oubli dans le rituel vaudra aux parents un rappel à l'ordre. Toute innovation va demander de vaincre de fortes résistances. Pour certains enfants, le simple fait de lâcher une activité pour en démarrer une autre est une souffrance. C'est, par exemple, l'enfant qui refuse d'aller dans la baignoire, mais refusera aussi bien, une demi-heure plus tard, d'en sortir. Pour d'autres, un déménagement avec changement de région et d'école peut être vécu comme un vrai drame. Les parents doivent en tenir compte en prenant tout le temps nécessaire pour prévenir l'enfant et l'aider à vivre le changement, quel qu'il soit.

Le pouvoir de l'exemple

Les Anglo-Saxons nomment *« modeling »*, c'est-à-dire « le fait de prendre modèle », cette manière, aussi ancienne que le monde animal, d'apprendre de nouveaux comportements. Celui qui ne sait pas observe celui qui sait et reproduit, jusqu'à être capable de faire pareil, voire de dépasser le maître et de devenir modèle à son tour.

• *Un apprentissage puissant*

Cet apprentissage ne fait pas de bruit mais il est puissant. Des attitudes ou des phrases entendues dans l'enfance peuvent être stockées en mémoire et ressortir trente ans plus tard, si l'occasion se présente. C'est ainsi qu'un jeune père peut se surprendre en constatant qu'il s'adresse à son fils comme son père le faisait avec lui, même s'il s'était juré que cela ne lui arriverait pas.

Le jeune enfant capture tout ce qui l'entoure avec une grande sensibilité, comme le ferait une caméra vidéo. Il stocke les informations dans son cerveau. Si ce qu'il voit lui paraît particulièrement intéressant, il essaiera de le reproduire au moins une fois et le gardera ou non selon les résultats obtenus. Par exemple, s'il entend un nouveau gros mot qui lui paraît être puissant, il va certainement l'essayer à l'occasion. Si ce qu'il observe se répète, cela deviendra une part de lui et modèlera son attitude.

Il est fréquent que les parents ne soient pas conscients de ce qu'ils transmettent et que l'enfant acquiert à leur insu. Alors mieux vaut être vigilant et donner de bons modèles.

• *Servir de modèle*

Pour cela, pas besoin d'être « exemplaire » ou parfait. Il suffit de se rappeler que les parents sont les premiers modèles de l'enfant, leur première image d'autorité, les plus aimés, les plus admirés. Leur influence est donc déterminante.

Seuls les comportements qui se répètent s'inscriront vraiment : ce n'est pas une colère de temps en temps qui ruinera votre éducation, surtout si vous donnez le reste du temps l'exemple de quelqu'un qui sait gérer ses émotions et les exprimer sans écraser les autres. L'impression générale qui se dégage d'une personne comptera beaucoup. Un parent qui se plaint tous les soirs de son travail, de la météo, du manque de temps, des embouteillages, du gouvernement, de sa fatigue, etc., donnera à penser à l'enfant que c'est la juste façon d'appréhender l'existence. Celui qui exprime sa joie de vivre, sans cacher ses soucis occasionnels, montre que l'on peut aimer la vie malgré les ennuis.

Ce sont les enfants qui prennent modèle sur les adultes et non le contraire. À ces derniers de donner l'exemple. Pour lui apprendre à tenir ses promesses, n'oubliez pas que vous lui aviez promis de l'emmener à la piscine. Pour lui apprendre à admettre ses erreurs et à les corriger, reconnaissez les vôtres.

Si la colère de votre enfant vous met en colère, si vous remordez l'enfant qui vient de mordre, vous mettez le monde à l'envers. Comment lui expliquer ensuite qu'il ne doit pas reproduire ce que vous venez de faire ? L'explication : « Je te mords pour te montrer qu'il ne faut pas mordre » est bien trop subtile pour un petit à l'âge où elle s'adresse généralement à lui.

Si vous ne voulez pas qu'il morde, ne le mordez pas. Si vous ne voulez pas qu'il frappe, ne le frappez pas.

La loi du renforcement

Depuis les années 1920, les psychologues se sont intéressés de près aux mécanismes de l'apprentissage. Au fil des années et des recherches, les connaissances se sont affinées. Certaines sont très intéressantes pour les parents et, bien comprises, peuvent leur simplifier la vie. Sans entrer dans les détails, voici les deux notions les plus importantes :

– un comportement qui a des conséquences positives aura tendance à se reproduire. En d'autres termes, si une personne aime ce qui résulte de ce qu'elle fait, elle sera incitée à reproduire cet acte. La conséquence positive, c'est le renforcement. Si Jade, lorsqu'elle laisse ses cheveux flotter sur ses épaules, attire l'attention et les regards des garçons de la classe, elle va se recoiffer de la même manière le lendemain ;

– tous les comportements sont appris (en dehors des comportements instinctifs) et pas seulement ce que l'on a volontairement et consciemment appris à son enfant. L'enfant a appris à jouer, à sauter, à se chamailler. La plupart des apprentissages se sont effectués à l'insu de tous. Le professeur caché est justement le renforcement.

Un jeune enfant peut être gentil et serviable parce qu'il aime les conséquences de ce comportement sur ses parents. Un autre sera désagréable pour les mêmes raisons. On peut imaginer que les premiers félicitent leur enfant et valorisent ses efforts d'une manière ou d'une autre. Alors que les seconds ne donnent peut-être leur attention à leur enfant que lorsqu'il désobéit ou s'oppose.

Autre exemple : un petit enfant rentre de l'école avec un nouveau gros mot qu'il a entendu dans la cour le jour même. Tout fier, il le jette à la figure de son père. De la réaction de celui-ci dépend la suite des événements. S'il réagit fortement, soit en éclatant de rire soit en se fâchant, l'enfant apprend que ce mot est puissant : il s'en resservira lorsqu'il en aura besoin pour attirer l'attention. Si le père ne réagit pas ou très peu, l'enfant en déduit que ce mot n'est pas intéressant et il va l'oublier.

Le principe de base est très simple, mais il a des conséquences importantes pour l'éducation. Comme tout être humain, l'enfant est intéressé par ce qui lui procure du plaisir. Donc :

– afin qu'un comportement se reproduise, il faut s'arranger pour que l'enfant lui trouve des conséquences positives (« récompenses ») ;

– pour qu'un comportement s'arrête, il faut que l'enfant n'y trouve aucun intérêt, voire qu'il produise des conséquences négatives (« punitions ») ;
– lorsqu'un nouveau comportement survient, les conséquences qu'il va avoir seront déterminantes dans le fait qu'il se reproduise ou non.

Nous verrons en détail, lors des chapitres suivants, comment se servir de cette loi du renforcement pour faire cesser un comportement négatif ou pour encourager les comportements positifs.

4

Les outils de l'autorité

Dans ce chapitre, nous allons passer en revue les outils dont disposent les parents pour faire preuve, auprès de leurs enfants, d'une autorité calme et bienveillante. Dans les deux chapitres suivants, nous verrons quels outils spécifiques utiliser pour faire cesser un comportement indésirable ou, au contraire, pour solliciter l'installation d'un comportement désirable.

La communication

La communication est à la mode. Elle véhicule une image très positive de dialogue et d'échange. Pourtant, dans nos sociétés, il n'y a jamais eu autant de solitude et d'individualisme. Nous avons à notre disposition une multitude d'outils pour communiquer (Internet, téléphones portables offerts à Noël dès l'âge de dix ans...), mais bien peu de gens se préoccupent de savoir ce que l'on va dire. C'est comme si l'enjeu n'était plus le message, mais le fait que l'on communique. L'éducation des enfants n'a pas échappé à cette mode. Communiquer est devenu impératif. Dès la naissance, il faut parler à son bébé. Tout interdit doit être expliqué, toute demande justifiée. Le dialogue ne doit jamais être rompu. La règle est devenue : « Parlez et tout ira mieux. » Mais les choses ne sont pas si simples : d'une part, tout le monde n'est pas aussi à l'aise avec la parole, d'autre part, on communique de bien des façons, et le non-dit est souvent bien plus « parlant » que les mots qui sont effectivement prononcés. Communiquer avec son enfant, ce n'est ni justifier ses interdits ni discuter sans fin pour remettre en question chaque soir les règles établies. C'est créer entre le parent et l'enfant une relation de confiance et de compréhension mutuelle.

Meilleure est la communication entre le parent et l'enfant, plus faciles sont l'éducation et l'exercice de l'autorité.

Parler avec son enfant

Tout enfant, quel que soit son âge, est une personne. Pour se développer de manière équilibrée, cette petite personne a besoin d'être inscrite dans un jeu de dialogue permanent, dès sa naissance. Ce dialogue passe par beaucoup de canaux différents. Et, bien sûr, sa forme va dépendre de l'âge de l'enfant. Le petit s'exprime avec son corps et ses cris, nous lui répondons avec des mots. Dès qu'il le peut, il va entrer dans le dialogue verbal qui remplacera le langage du corps : quand il sera en colère, il dira « pas beau » au lieu de taper.

Tous les enfants ne sont pas aussi ouverts au dialogue. Certains sont des bavards qui se confient facilement : vous êtes le soir même au courant de toutes les petites histoires de la cour de récréation ou de la classe. Ils vous tiennent au courant du contenu du journal intime de leur existence. D'autres, en revanche, préfèrent garder leur petite vie pour eux. Même jeunes, il faut les interroger pour savoir ce qu'ils ont vécu dans la journée et ils répondent souvent par monosyllabes. Vous apprenez par d'autres ou par hasard des choses importantes les concernant. « Mais pourquoi ne m'as-tu pas dit que le professeur de lettres projetait d'emmener ta classe en Italie ? » « Je ne sais pas, je n'y ai pas pensé. »

Leur manque de communication spontanée ne s'arrange pas avec l'adolescence. Leur incapacité ou leur absence de désir de vous confier leurs joies et leurs soucis ne fait que croître.

Cette discrétion est respectable, même si elle peut se révéler frustrante. Communiquer, ce n'est pas non plus tout se confier. Les parents n'ont pas, surtout avec les plus grands, à être les confidents de leurs enfants, pas plus qu'à se confier à eux.

Un échange régulier et confiant est important à mettre en place. C'est aux parents d'en réunir les conditions. Pour aider les plus réticents, il suffit en général de pratiquer quotidiennement ce que l'on appelle l'« écoute active » (élaborée par Carl Rogers).

• *L'écoute active*

Il s'agit d'écouter, de décoder le message de l'enfant et de le lui renvoyer sans émettre d'opinion ni proposer de solutions. On lui renvoie ce que l'on a compris.

Cela peut consister à refléter les sentiments qui correspondent à ce qui a été exprimé. Par exemple, à un bébé qui s'impatiente : « Il arrive le biberon. On dirait que tu es en colère qu'il ne soit pas prêt. » À un enfant qui s'énerve : « Tu es très fâché contre ton frère, on dirait. » Il faut parfois savoir ne pas trop parler soi-même pour mieux comprendre l'autre. C'est encore plus vrai si l'autre est un enfant qui risque de ne pas se sentir « à la hauteur » dans une discussion normale. Dans l'écoute active, au lieu d'exprimer son opinion, on reformule à l'enfant :

– ce qu'il a dit (« Tu es en train de me dire que tu ne veux plus mettre cette veste ») ;

– ce que l'on a compris (« Tu veux dire que tu trouves que je te traite comme un bébé ? ») ;
– un des éléments qui nous a paru important et qu'on souhaite qu'il développe (« Tu as dit tout à l'heure que tu te sentais bizarre ? ») ;
– l'émotion qu'on a cru percevoir en lui (« J'ai l'impression que perdre ce match t'a vraiment blessé »).

Le but de l'écoute active est d'aider l'enfant à s'exprimer et ainsi de mieux le comprendre. En effet, l'enfant livre rarement d'emblée le fond du problème. Il faut parfois de la patience pour y arriver. Sa première phrase est souvent destinée à savoir s'il « a la ligne », c'est-à-dire votre attention, votre disponibilité. Si la réponse est non, il n'ira pas plus loin.

• *L'art du silence*

Avec l'enfant, il est fréquent que le silence, ou au moins une grande prudence dans la formulation de ce que l'on pense, soit l'attitude qui favorise le mieux le dialogue. C'est à la fois paradoxal et difficile. On voudrait une discussion comme avec un adulte ou bien on voudrait influencer l'enfant par nos conseils ou nos avis. Quand l'enfant a vécu une expérience difficile, ou quand il est la proie d'une émotion négative, il peut sembler difficile de ne pas venir tout de suite à la rescousse pour le rassurer. « Ce n'est pas grave, tu vas voir, ça ira mieux demain », « Je vais appeler son père et on en reparlera. » Le plus souvent, même ces interventions qui partent d'un bon sentiment vont arrêter la confidence de l'enfant plutôt que de le convaincre. Dans ce cas précis, cela l'empêche d'apprendre à gérer ses émotions douloureuses et à trouver seul ses propres solutions. Il y a aussi de fortes chances pour que vos propositions ne soient jamais exactement les bonnes, celles qui étaient attendues :

l'enfant n'avait pas besoin d'être conseillé, juste d'être entendu.

Il faut que les parents renoncent parfois à leur envie de répondre directement aux questions, de développer leur propre discours, remplaçant cela par une vraie écoute, au-delà de ce qui est dit.

• *L'art de l'attention*

Quand votre enfant vous parle, qu'il vous raconte ses petites histoires du jour ou ses grands soucis, donnez-lui votre attention. Rien de plus vexant pour un enfant que d'avoir l'impression de parler dans le vide. Il vous dit une chose pendant que vous en faites une autre et, vérifiant que vous avez bien entendu, constate que vous n'avez rien retenu. Si vous ne pouvez pas l'écouter sur l'instant avec toute l'attention souhaitée, dites-le lui : « Attends, là, je termine ma lettre et je suis à toi tout de suite après. Tu me raconteras ça en détail. » Quand c'est vous qui avez quelque chose à dire à votre enfant et que vous souhaitez en être entendu, assurez-vous que vous avez son attention, c'est-à-dire son regard. Les instructions données depuis la pièce à côté du genre :

« Crie moins fort, tu gênes les voisins ! » ou : « Viens mettre la table » sont généralement inefficaces. Au lieu de cela, venez près de lui, demandez-lui de vous regarder, et donnez-lui des instructions claires et simples : « Je te demande d'éteindre la télévision et de venir à table. », « Tu vas prendre ta douche maintenant parce qu'il est l'heure. » Les expressions positives telles que celles-ci, simples et sans appel, sont les plus efficaces.

• *Savoir commencer ses phrases par « je »*

Il est généralement possible de dire les mêmes choses de deux manières. Chacune va avoir des conséquences différentes. Dans le message « tu », la personne critique et reporte la responsabilité du problème sur l'autre. L'interlocuteur se sent attaqué et se défend. Le conflit démarre.

Dans le message « je », la personne parle d'elle-même, de son ressenti et de ses difficultés. Non seulement l'interlocuteur ne se sent pas attaqué, mais il peut même avoir envie d'aider.

L'attitude la plus courante, lorsque nous voulons arrêter un enfant ou modifier son comportement, consiste à intervenir en commençant la phrase par « tu ». Par exemple : « Tu me casses les oreilles », « Tu manges comme un cochon ! », « Si tu continues, tu vas avoir une fessée. » Comme tout jugement, toute critique ou toute menace, cela provoque immédiatement, chez celui qui est en face, une réaction de défense ou d'agressivité en retour.

Le « je » est beaucoup plus efficace. Il permet de se positionner face à l'autre, tranquillement. Il permet de décrire les faits avec le plus d'objectivité possible, et sans agressivité.

Par exemple, mieux vaut dire : « Je suis énervée » ou : « Je te demande d'aller te coucher » que : « Tu m'énerves » ou : « Tu as vu l'heure, vas te coucher. »

Lorsqu'il s'agit d'aborder un problème que vous pose le comportement de l'enfant, il est important aussi de le faire à la première personne, en exposant les faits, mais sans accuser. Par exemple : « Lorsque j'attends aussi longtemps que tu sois prêt, cela me met en retard pour mon travail », « Je ne peux pas parler au téléphone si le son de la télévision est si fort. »

• *Ne pas hésiter à exprimer ses émotions*

Bien souvent, l'enfant ne perçoit que notre réaction et ses effets, sans bien comprendre ce qui la motive. Parler à son enfant, c'est lui expliquer non seulement la vie et ses lois, mais aussi les émotions. Lui dire : « J'ai eu très peur lorsque tu as lâché ma main pour traverser la rue » lui permettra de comprendre pourquoi vous êtes toute pâle et en colère.

Ce n'est pas très facile, mais il est important de dire la vérité sur ce que l'on ressent :

« Cela m'irrite, en rentrant, de trouver tes chaussures dans l'entrée » ;

« Je me sens gênée de sortir avec toi si tu ne te coiffes pas » ;

« Cela m'inquiète quand tu te couches tard, j'ai peur que tu manques de sommeil » ;

« Je suis triste que tu aies piétiné les fleurs que je venais de planter. »

• *Montrer de l'empathie, de la compréhension avec ce que ressent l'enfant*

Si vous expliquez à l'enfant que vous comprenez ses désirs, ses envies, ses impulsions, il va se montrer à son tour attentif à vos besoins et à vos demandes. Attention : dire à l'enfant qu'on le comprend ne signifie pas qu'on tolère son comportement. Le « non » passera mieux si vous dites avant : « Je sais que tu as très envie de mettre ta robe bleue, mais… », « Je comprends que tu aies envie de voir la fin de ton feuilleton, mais… »

Éviter les erreurs les plus fréquentes

• *Être critique*

Quand un enfant vient vous raconter une anecdote ou vous parler d'une situation qui lui pose problème, le critiquer est la dernière chose à faire. Si vous intervenez en disant : « C'était idiot de faire une chose pareille ! » ou : « Comment as-tu pu faire ça ? », il se dira que vous êtes incapable de le comprendre et ne pouvez que le juger. Il réfléchira à deux fois avant de revenir.

Si l'enfant vous fait l'aveu d'une faute, commencez par le féliciter de sa franchise et de son honnêteté avant de le juger. Dites-lui que vous auriez été encore beaucoup plus fâché de le découvrir par vous-même.

Une autre manière d'être critique consiste à être sans cesse sur le dos de son enfant en lui faisant des réflexions négatives. « Arrête de froncer les sourcils comme ça », « Tu es encore en retard », « Si tu regardais ce que tu fais ? », « Tu as vu comment tu as laissé ta serviette ? », « C'est ça que tu appelles te coiffer ? », etc. L'abondance de commentaires négatifs amène l'enfant à douter profondément de lui. Les études ont montré que cela ne l'aide absolument pas à s'améliorer, bien au contraire. Ce sont des propos qui le découragent et l'énervent, produisant encore davantage de comportements qu'on souhaitait éviter.

Il est beaucoup plus efficace de « passer » sur ce qui ne va pas et de mettre en valeur ce qui va. « Tu es très joliment coiffée aujourd'hui », « J'aime bien quand tu arrives à l'heure, cela m'évite de m'inquiéter. »

• *Répéter les secrets*

Votre enfant se confie à vous et vous demande le secret. Si vous promettez, vous êtes tenu par votre promesse. L'enfant trahi n'aura plus confiance en vous. Si vous ne pouvez pas promettre, dites-le. « C'est une chose trop importante dont tu me parles là, il faut que je mette ton père au courant. »

Quelle que soit la situation, l'enfant doit sentir que vous faites équipe et que vous êtes de son côté, jamais contre lui.

• *Le questionner en termes de « pourquoi ? »*

Le jeune enfant est incapable de répondre en termes de causalité. Il fait les choses spontanément, sans s'interroger sur ses motivations. Pour les plus grands, ces questions sont souvent culpabilisantes. Celui qui pose la question sous-entend qu'il sait, lui, ce qu'il aurait fallu faire.

Préférer les questions « Comment ? » Le « comment » est moins violent, il oblige à réfléchir en prenant une certaine distance.

• *Analyser, jouer au psychologue*

C'est très envahissant. L'adolescent, notamment, déteste ressentir que vous le comprenez mieux qu'il ne se comprend lui-même. À la fois, il reproche aux adultes de ne pas le comprendre (« Tu ne comprends rien ! »), mais il déteste encore plus l'idée d'être percé à jour. « Je sais ce que tu ressens ; c'est comme moi à ton âge » : genre d'approche à manier avec précaution. Certains enfants peuvent apprécier ce sentiment d'empathie et ce ton de confidence. Mais la plupart penseront que, de votre temps (autant dire du temps des dinosaures...), les choses n'avaient vraiment rien à voir.

Plutôt que d'analyser l'enfant, mieux vaut, par des reformulations et des questions, l'aider à se comprendre lui-même.

Quand parler ?

Tant que l'ambiance est bonne, que la relation est facile, le dialogue ne pose pas de problèmes. Tout moment de disponibilité réciproque est un bon moment.

• *Des moments privilégiés*

Il existe des familles ou des périodes où la communication « passe » bien. Même si c'est le cas, soyez toutefois vigilant à préserver, avec chacun de vos enfants, des moments privés, plus propices aux confidences que les temps d'échanges familiaux. Un bon moment pour cela, c'est lorsqu'on marche ensemble, sans but précis, sans être trop pressés. Lors d'un trajet en voiture, aussi. Mais ces événements ne sont pas forcément réguliers. Le meilleur moment que j'ai trouvé, c'est lors de la mise au lit. Il est facile d'inclure dans le rituel un temps de confidence et d'échange. On peut faire le point, autrement qu'à d'autres moments plus actifs, sur la journée, ce qui va, ce qui ne va pas. L'enfant sera heureux de vous parler, mais heureux aussi de vous entendre raconter une chose amusante ou intéressante de votre propre journée.

• *En cas de crise*

En ce qui concerne les questions d'autorité, décider quand parler n'est ni simple ni anodin. Une chose est sûre : ce n'est pas quand on est en train d'exercer son autorité qu'il convient de faire la leçon à l'enfant et de lui dire des choses sérieuses. Ce n'est définitivement pas le bon moment, même si c'est celui que quasiment tous les parents choisissent. Pourquoi ?

– En cours de conflit, les deux protagonistes sont pris par leurs émotions. Le parent va dire des choses qui dépassent sa pensée, sur un ton qui n'est pas le meilleur pour se faire entendre. L'enfant est si occupé par sa révolte ou son sentiment d'injustice qu'il est comme muré dans sa négativité : ce n'est pas le bon moment pour qu'il écoute et qu'il reconnaisse qu'il a tort. S'il se sent coupable non plus : dans tous les cas, il sera sur la défensive et peu réceptif.

– Les enfants d'aujourd'hui sont élevés par des parents qui ont compris qu'il fallait s'expliquer. Écouter des discours les irrite plus que cela ne les convainc et les conduit à s'équiper d'un mécanisme d'écoute sélective. Ils écoutent ce qu'ils veulent bien entendre, et ils « zappent » le reste. Les mots « rentrent par une oreille et ressortent par l'autre ». Les parents sentent bien quand leurs paroles sont devenues sans effet. Ils crient encore plus fort, ce qui ne fait que renforcer le mécanisme de fermeture de l'enfant.

– Toute discussion à ce moment-là ne peut tourner qu'à l'affrontement et au conflit.

Que faire alors ? Le minimum. Parler bref, parler clair.

« Non, tu ne peux pas sauter sur le canapé, parce que cela casse les ressorts. »

« Tu vas te coucher maintenant. »

Si l'enfant demande : « Mais pourquoi ? » avec un ton de martyr, répondez une fois, brièvement : « Parce qu'il est 9 heures. » Si la question revient et que vous sentez qu'elle n'est là que pour gagner du temps, vous avez même droit à : « Parce que c'est comme ça. Assez discuté. »

• *Après la crise*

Il peut être positif, une fois la crise passée et chacun ayant repris ses esprits, de revenir sur le sujet.

Il arrive que les parents soient clairement défiés par leur enfant et qu'ils aient dû affirmer leur autorité sans se laisser manipuler. C'est le cas où l'adulte sent avec netteté que l'enfant « le cherche » (ce qui est exact). L'enfant, après avoir séché ses larmes et épuisé sa rancœur, ressent un respect plus grand pour le parent qui a montré sa force de caractère, surtout s'il a gardé son calme. C'est le moment de rassurer l'enfant sur l'amour qu'on lui porte, de lui expliquer ce qui s'est passé et de chercher une issue positive. L'enfant doit comprendre comment il peut éviter que ce genre de crise se reproduise. Après les colères des tout-petits, il est encore plus important de se réconcilier, surtout si les parents se sont laissés aller à des émotions fortes. Le petit pourrait croire qu'il n'est plus aimé. Il est bon de faire des câlins, de se réconcilier le plus vite possible et d'effacer toute trace de tristesse et de ressentiment.

D'une manière générale, quel que soit l'âge de l'enfant, la rancune n'est jamais de mise. Si l'enfant boude, c'est de son âge ! L'adulte, lui, doit être prêt à reprendre le dialogue et la vie normale dès que la crise est terminée. Le message à transmettre clairement est : « Tu as des comportements que je peux refuser, dans la mesure où ma tâche est de t'éduquer, mais toi, en tant que personne, je t'aime et t'aimerai toujours. »

La démarche de résolution de problèmes

C'est une technique très efficace chaque fois que parent et enfant s'opposent durablement sur une même difficulté. Cette difficulté peut être un comportement que l'enfant adopte parce qu'il lui convient mais qui pose problème au parent. Par exemple, laisser traîner ses chaussures dans l'entrée, ne jamais ranger sa chambre, être systématiquement en retard le matin, etc.

Une fois que le parent a usé vainement sa patience avec les techniques habituelles, il lui reste la possibilité de la résolution de problèmes. Lorsque l'adulte parle en son nom propre, décrit les faits et montre de la compréhension, l'enfant ne se sent pas agressé, mais au contraire incité à proposer une solution. Résoudre correctement un conflit, c'est trouver une solution qui satisfasse les deux partenaires, sans que l'un se sente écrasé par l'autre. L'enfant, qui a participé au choix de la solution, se sent motivé pour l'appliquer. On travaille ensemble pour améliorer la vie de tout le monde.

Le conflit se résout à froid, en commun, quand on a un petit moment calme devant soi.

Où, quand, avec qui ?

La technique de résolution de problèmes peut être une aide dans de nombreuses situations non conflictuelles qui demandent que l'on trouve une solution convenant à plusieurs personnes. Par exemple : où passerons-nous nos prochaines vacances ? De quelle couleur va-t-on repeindre le salon ?

Elle sert dans des situations délicates telles que : « C'est toujours moi qui vide le lave-vaisselle et ce n'est pas juste. »

Il arrive que le problème qui doit être abordé concerne toute la famille : c'est le cas de la répartition des tâches ménagères, de l'attribution du temps de chacun sur l'ordinateur familial ou de : « Qui est-ce qui boit tout le Coca ? » Dans d'autres cas, elle ne concerne que deux individus qu'un désaccord divise. Par exemple : « Range ta chambre », « C'est ma chambre, je fais ce que je veux. »

Pour appliquer la technique, on fixe un rendez-vous avec tous les gens concernés. C'est généralement celui qui a le problème ou qui en souffre le plus qui prend l'initiative. « Je voudrais discuter de cette question. Je suggère qu'on reste tous à table après le dessert pour en parler. » Si cela ne concerne qu'un adulte et un enfant, on peut juste aller le voir et lui dire : « J'aimerais parler avec toi du rangement de ta chambre. À quel moment es-tu disponible pour que nous essayions de trouver ensemble une solution ? » Choisissez un lieu neutre, où vous ne serez pas dérangé.

La technique

La démarche de résolution de problème désigne une succession méthodique d'opérations visant à imaginer des solutions à un problème et à mettre en œuvre les comportements adaptés dans ce but. Les six étapes successives de cette approche sont les suivantes : identification du problème, recherche de solutions, évaluation, décision, passage à l'action et bilan.

1. Définir le problème

Qui a le problème ? La personne qui a le problème, souvent le parent, décrit sa difficulté.

Quelles sont ses causes et ses conséquences ? Peut-on l'intégrer dans un contexte plus global ? Peut-on le définir de manière opérationnelle ?

La première étape, qui est brève, consiste à envisager la situation pénible non comme un drame face auquel la personne est impuissante, mais comme « un problème à résoudre ». Adopter une telle attitude, c'est choisir d'affronter la difficulté de façon méthodique et réfléchie.

L'adulte commence par définir le problème clairement : « J'ai un problème. Je suis très irritée de trouver vos affaires qui traînent partout quand je rentre. Du coup, cela me met de mauvaise humeur pour la soirée. » Ou bien : « Je suis excédée quand je dois te demander cent fois d'aller te laver. Qu'est-ce qu'on peut faire ? »

Lorsque l'adulte parle de cette manière, en admettant que le problème est de son côté, l'enfant ne se sent pas attaqué. Si bien qu'il est beaucoup mieux disposé pour aider à trouver la solution.

2. Inventorier toutes les solutions possibles

Plutôt que d'imposer votre solution, qui aurait peu de chances d'être appliquée, vous incitez chacun à faire des suggestions, même les plus originales.

L'idée est que chacun puisse proposer ses solutions, sans en censurer aucune, même si elle semble déraisonnable ou farfelue. Séance de créativité ou de *« brain storming »* où toutes les pistes sont les bienvenues. À ce stade, on ne juge pas, on se contente de noter sur une feuille de papier tout ce qui vient.

3. Évaluer les solutions

Plus personne n'a d'idées ? Alors vient le moment de réfléchir sur les solutions proposées. Chacun argumente, négocie, modifie, discute. Chaque solution est reprise et étudiée selon :

a) ses avantages et ses inconvénients ;

b) ses conséquences à court, moyen et long terme, pour soi et les autres ;

c) ses implications concrètes (temps, argent, etc.).

4. Prendre une décision

La réflexion avance jusqu'à ce que l'on parvienne à une solution acceptable par chacun, sur laquelle un engagement est pris. L'important est qu'aucun des partenaires n'ait l'impression d'avoir été écrasé ou d'avoir perdu. La solution retenue n'est pas forcément une de celles proposées dans la phase précédente, reprise telle que. Souvent, il va s'agir d'une combinaison de suggestions ou d'un compromis.

L'accord doit vraiment tenir compte des besoins et des difficultés de chacun. Il n'y a que comme cela qu'il a des chances de fonctionner. La solution retenue est écrite au propre sur une feuille que l'on affiche bien en vue.

5. Exécuter la décision

Vient ensuite le passage à l'action, qui se révèle parfois difficile. Il est nécessaire de mettre au clair les détails de l'application et de préciser les tâches qui y sont liées. Il convient aussi de se fixer un échéancier raisonnable.

6. Faire le point

La phase ultime est celle de l'évaluation, essentielle pour maintenir la motivation et réajuster la stratégie adoptée. Quelque temps plus tard, on fait le point. On voit ce qui a marché ou non. Parfois, on réalise que la solution trouvée ne fonctionne pas. L'idée n'était pas bonne ou bien l'un des partenaires n'a pas tenu ses engagements. Il ne reste plus qu'à retourner à la case départ. Si la solution n'était pas la bonne, on reprend la liste d'idées et on en essaie une autre, sans se décourager.

Les avantages

L'énorme avantage de cette méthode, c'est qu'elle est efficace. Dans la mesure où l'enfant a discuté l'accord et l'a accepté, celui-ci a beaucoup plus de chances de fonctionner que si la décision est imposée par les parents.

Quand plusieurs personnes sont impliquées, on cherche le consensus, pas la décision à la majorité. D'une part, parce que les décisions familiales ne peuvent dépendre d'un processus démocratique (une personne, une voix) tant que les enfants sont mineurs. D'autre part, parce qu'il n'est pas envisageable que les parents se laissent imposer des solutions par leurs enfants supérieurs en nombre. Les parents doivent toujours tenir le gouvernail en main. Mais un enfant qui se verrait imposer une solution contre laquelle il a voté aurait du mal à l'appliquer avec constance et bonne volonté.

L'autre avantage de cette manière de procéder est qu'elle va souvent faire apparaître des problèmes sous-jacents, inconnus jusque-là : la vraie cause du conflit était ailleurs. Alors vont jaillir des solutions originales, et non plus stéréotypées, qui auront de bonnes chances de réussir. C'est ainsi que Margot, quatorze ans, a décidé de repasser les tee-shirts de son frère si celui-ci lui fait son lit tous les jours. Ou que Stéphane s'est engagé à nourrir régulièrement le cochon d'Inde, à condition de ne plus avoir à changer la cage, dont le foin le faisait éternuer.

Après quelques semaines d'application, cette démarche de résolution de problème peut devenir une réaction aussi « naturelle » que l'étaient précédemment les réactions d'affrontement ou de découragement.

Une solution gagnant-gagnant

Cette technique fait partie de celles que l'on appelle « gagnant-gagnant ». Dans ce cas, ce n'est ni le parent qui gagne en écrasant l'enfant sous son autorité (« C'est comme ça et ce n'est pas autrement, c'est moi qui décide ! »), ni l'enfant qui gagne parce que le parent, excédé, finit par céder. Les deux ont dit ce qu'ils avaient à dire et ont accepté de jouer le jeu de la discussion jusqu'à trouver un accord.

Il est toujours préférable, chaque fois que c'est possible, d'aboutir à une solution « double gagnant ». Avec les tout-petits, c'est assez facile. Maud a vingt mois. Elle approche doucement sa main du téléphone portable, objet tout à fait interdit. Maman la regarde et lui fait les gros yeux. Maud tend la main, touche rapidement le téléphone, puis s'éloigne en vitesse. Maman ne dit rien. La petite fille a gagné : elle a touché l'objet interdit et défié sa maman. Laquelle a aussi gagné : un regard a suffi pour que sa fille renonce à s'emparer de l'objet.

Trois ou quatre ans plus tard, la solution « double gagnant » est souvent suggérée spontanément par l'un des deux protagonistes, au moment où pourrait démarrer un conflit. « Thomas, viens mettre la table ! – D'accord, mais ce n'est pas moi qui débarrasse ! » ou : « D'accord, mais je finis mon puzzle d'abord ! »

La plupart du temps, une solution sans perdant est une solution de compromis. Aucun des deux n'a tout ce qu'il voulait, mais chacun en a une partie. La solution a fait l'objet d'une négociation.

Il ne faut pas croire qu'accepter de négocier fait perdre son autorité, au contraire. Plus les enfants se rapprochent de l'adolescence, plus ils apprécient l'ouverture d'esprit dont fait preuve le parent qui négocie. L'enfant se sent entendu et respecté dans ses demandes et ses points de vue, ce qui le met dans le bon état d'esprit pour faire lui aussi des concessions.

Les règles

Sans vouloir que la maison ressemble à un camp militaire, il est pourtant nécessaire qu'elle soit gouvernée par certaines règles. Comme tout conducteur, je connais la limitation de vitesse en ville et je sais ce que je risque en la dépassant. Si je traverse un village à 70 km/h au lieu de 50, et que je suis verbalisée à la suite d'un contrôle radar, je ne serai sans doute pas contente, mais je trouverai cela juste et cohérent. S'il n'y avait pas de règles ou si les règles changeaient chaque jour sans qu'on m'en informe, j'aurais beaucoup de mal à trouver juste l'intervention des gendarmes et la « punition » (amende, retrait de permis) qui en résulte pour moi.

Pour les enfants, c'est exactement la même chose. Ils protestent généralement contre les limites qui leur sont imposées, mais ils savent qu'elles sont là pour les protéger et qu'elles ont du sens. Des règles et des interventions parentales imprévisibles, qui ne résulteraient que de l'état d'esprit plus ou moins tolérant des parents sur le moment, provoqueraient de la confusion, de la frustration et de la révolte. Les enfants ont donc besoin de connaître les règles qui les gouvernent, jusqu'où ils peuvent pousser les limites, et ce qu'ils risquent au-delà.

Or, instaurer des règles se fait selon certaines règles…

• *Des règles claires*

Pour être appliquées, les règles doivent être comprises, donc clairement exprimées. Des phrases courtes, avec des mots simples. Une règle est une loi intérieure : elle passera mieux si elle est exprimée sous une forme impersonnelle :

« On se lave les mains avant de passer à table » ;
« On étend sa serviette de bain après s'être essuyé » ;
« On met son linge sale dans le panier à linge sale » ;
« On finit ses devoirs avant d'allumer l'ordinateur », etc.

Pour être claires, les règles doivent être précises. « On ne saute pas sur le canapé, *même si on a enlevé ses chaussures*. En revanche, on peut sauter sur le lit pieds nus. »

• *Des règles communes*

Les meilleures règles sont celles auxquelles toute la famille se plie, sans distinction de génération ou de sexe. Par exemple :

« On ne parle pas la bouche pleine » ;

« On ne fait pas de bruit le dimanche matin avant 10 heures. »

Mais certaines règles sont forcément différentes selon chacun et doivent évoluer avec l'âge de l'enfant. Dans ce cas, surtout si la famille comporte des enfants d'âges différents, l'évolution des règles doit être négociée et clairement posée.

« Jusqu'à l'âge de dix ans, les enfants se couchent à 8 heures. »

« L'argent de poche augmente d'un euro par semaine à chaque anniversaire. »

• *Des règles flexibles*

Les règles doivent exister, mais elles ne peuvent être en permanence suivies à la lettre. Elles doivent souvent être adaptées à la situation ou tenir compte de chaque enfant. La règle « Chacun dort dans son propre lit » peut être transgressée une nuit où éclate un orage particulièrement effrayant. La règle « Au lit à 8 heures » peut être modifiée le soir où un petit copain vient passer la nuit.

Mais attention : un enfant jeune ne sait pas ce que c'est qu'une exception. S'il a eu le droit une fois de faire ce qui est interdit habituellement, il y a de grandes chances pour qu'il tente de recommencer le lendemain.

Il ne faut pas oublier non plus que les règles peuvent faire l'objet de discussion lorsque l'enfant grandit. Elles deviennent alors l'objet d'un compromis entre les demandes de chacun.

• *Des règles stables*

Suivre les règles est impossible si elles changent sans arrêt. Ce qui est autorisé le lundi doit l'être aussi le mardi. Pareil pour ce qui est interdit.

Si l'enfant qui se balance sur sa chaise est rappelé à l'ordre le midi, mais que sa maman fait semblant de ne pas le voir le soir, l'enfant apprend qu'une règle est une chose variable, qui peut être détournée à l'occasion. Il y trouvera l'occasion de défier les règles jour après jour, afin de voir lesquelles « tiennent » et ce qu'il en est ce jour-là.

Quand les parents doivent changer une règle à la suite d'impératifs en lien avec la situation, cela doit être expliqué. C'est vrai aussi des règles implicites que sont les habitudes. Par exemple si, chaque fois que l'on revient du marché, on s'arrête pour faire un tour de manège, l'enfant comprendra difficilement qu'on le lui refuse le jour où l'on est pressé. Cela mérite explication.

• *Des règles complètes*

Qui respecterait le code de la route si les erreurs n'étaient pas sanctionnées ? Pour que les règles qui déterminent une limite aient une bonne chance d'être respectées, elles doivent être assorties de leurs conséquences. En cas de transgression, l'enfant sait à quoi il s'expose.

« Retour à minuit. Si tu passes l'heure, pas de sortie pendant une semaine. »

« La table doit être mise à 7 heures. Si elle ne l'est pas, tu m'aides à débarrasser. »

• *Des règles raisonnables*

Les règles, par principe, vont demander des efforts à chacun : à l'enfant pour les appliquer, aux parents pour les faire appliquer. Elles ne doivent donc pas être trop nombreuses. Si l'enfant ne peut plus faire un pas sans se heurter à une règle, si le parent passe son temps à dire : « Fais ceci » ou : « Ne fais pas cela », c'est qu'il y a quelque chose qui ne va pas. Mieux vaut peu de règles, bien choisies, correctement appliquées, que beaucoup de règles qui épuisent tout le monde et sur lesquelles les parents finissent par passer.

Des règles raisonnables, ce sont aussi des règles qui correspondent à ce que l'enfant peut donner. À un enfant de deux ans, il est déraisonnable de demander de manger proprement. À quatre ans, on ne peut pas encore ranger seul sa chambre.

• *Des règles qui ont du sens*

Un enfant aura d'autant plus de mal à appliquer une règle qu'il la trouve absurde ou inutile. Même si l'explication n'a pas encore beaucoup de sens pour lui, au moins l'enfant comprend-il qu'elle en a pour ses parents. C'est pourquoi il est nécessaire d'accompagner la règle de son explication.

« Ne t'approche pas du four : ça brûle. »

« On ne court pas avec une sucette à la bouche : si tu tombais, tu pourrais te faire très mal. »

« On ne mange pas de pain avant le dîner : tu n'aurais plus faim après. »

Toutes les règles, notamment celles de politesse, ne se prêtent pas forcément à une explication simple. Dans ce cas, le recours à : « Parce que c'est comme cela que font les gens bien élevés » peut suffire !

• *Des écarts tolérés*

Autant le savoir tout de suite : une règle ne sera jamais appliquée « à la lettre » tant qu'elle ne sera pas devenue une habitude. D'abord, parce que les enfants ne sont pas des robots que l'on programme une fois pour toutes (pour ce que j'en sais, même les robots ont des pannes !). Ils transgressent les règles, soit par inadvertance, parce qu'ils sont « tête en l'air », soit volontairement, par excès d'envie ou par provocation. Rappelez-vous ce que nous disions des limites : elles sont faites pour être transgressées. L'important est que la règle s'accompagne de son mode d'emploi : l'enfant doit savoir ce qu'il risque s'il n'obéit pas.

Ensuite, l'éducation est faite d'un nombre incalculable de répétitions des mêmes choses, des mêmes mises en garde, des mêmes règles. N'imaginez donc pas qu'énoncer une règle une fois ou même dix fois puisse être suffisant.

5

Comment faire cesser un comportement négatif

Certains outils de l'autorité sont particulièrement efficaces quand il s'agit de faire cesser un comportement négatif. Un comportement n'est bien sûr négatif qu'aux yeux des parents. On peut aussi le qualifier d'indésirable ou de pénible à supporter. Mais pour l'enfant, c'est certainement celui qui lui convient le mieux à ce moment-là, d'où le conflit d'intérêts et de volontés.

Même si les parents ont appliqué les techniques expliquées en amont, même s'ils ont établi une bonne relation de confiance avec leur enfant, même s'ils ont posé des règles claires et cohérentes, cherché ensemble des situations de compromis, cela ne suffit pas à éviter les conflits. Lorsque le raisonnement et le rappel à l'ordre se révèlent notoirement insuffisants, il est nécessaire de faire preuve d'autorité.

En tant que parents, vous ne pouvez pas passer votre temps à rediscuter sans arrêt les règles définissant le fait de se lever, de se préparer, d'aller à l'école, de faire ses devoirs, de ne pas regarder la télévision, de ranger ses affaires, de se bagarrer avec son frère, etc. Une fois les règles définies, il est de votre devoir de parents de les faire appliquer. Essayer d'être toujours gentil et compréhensif est souvent quelque chose qui complique plus la tâche qu'elle ne la simplifie. Même les meilleurs enfants du monde n'obéissent pas toujours. Appliquer les bonnes techniques, c'est l'assurance d'éviter l'escalade, de rester juste et raisonnable, d'amener l'enfant à la responsabilité de ses actes et à l'autodiscipline.

Exprimer sa difficulté

Cette première technique est la plus douce et la moins contraignante pour l'enfant. Respectueuse de sa personne, elle vise simplement à lui faire prendre conscience des conséquences de ses actes pour autrui. Elle fait appel à sa bonne volonté pour modifier son attitude ou son comportement. Bien entendu, c'est une technique qui marche d'autant mieux que la relation affective est bonne et chaleureuse entre le parent et l'enfant et que ce dernier est désireux de se comporter correctement et de faire plaisir.

De quoi s'agit-il ? Lorsque nous voulons faire cesser un comportement de l'enfant, c'est évidemment que celui-ci a des conséquences négatives, notamment pour le parent. Ce dernier exprime alors sa difficulté à l'enfant en parlant de lui-même.

« Quand tu mets le son de la musique aussi fort, cela m'empêche de lire. »

« Quand tu laisses les restes de ton goûter sur la table, cela me met en colère lorsque je rentre et provoque chaque fois un conflit entre nous. »

« Quand tu n'es pas rentré à l'heure prévue, je m'inquiète pour toi. »

« Je suis triste et mécontente quand je te vois arracher les fleurs du jardin, parce que je me suis donné du mal pour avoir un beau jardin et il n'en reste rien. »

« Quand tu viens dans mon lit la nuit, cela me réveille et m'empêche de me rendormir. C'est très pénible pour moi. »

Ces formulations sont évidemment très différentes de : « Baisse le son, on ne s'entend plus ! » ou : « Je t'ai déjà dit de ne pas arracher les fleurs ! » qui sont des phrases de reproches et de contraintes. Lorsque le parent se contente d'exprimer sa difficulté, il assume sa position sans rien exiger. Il met l'enfant en face des conséquences de ses actes et l'incite à changer de comportement par égard ou par affection pour autrui. Cette façon de s'exprimer est un appel à la responsabilité. Comme elle n'accuse pas, elle ne provoque pas de fermeture ou d'agressivité en retour. Au contraire, l'autre est souvent content d'apporter son aide. La réaction de l'enfant est parfois : « Excuse-moi, je ne me rendais pas compte que cela te gênait. » C'est aussi un message qui incite l'enfant à être créatif, car les parents ne lui dictent pas sa conduite. Il a la possibilité de résoudre le problème à sa façon. L'adolescent dont la musique dérange peut choisir de baisser le son, mais aussi de mettre un casque sur ses oreilles ou d'aller écouter sa musique à la cave.

Si l'enfant modifie son comportement à la suite d'un message de désagrément du parent qui exprime sa difficulté, il doit être félicité et remercié très clairement.

Dire non !

À partir de dix-huit mois, l'enfant se met à courir partout et à toucher à tout, poussé par une irrésistible curiosité. « Non » est un mot facile, que les parents sont amenés à prononcer souvent pour arrêter l'enfant dans un élan malvenu ou dangereux. C'est un petit mot puissant et qui donne de bons résultats, à deux conditions : qu'il ait vraiment du sens et qu'on n'en abuse pas.

Des alternatives au mot « non »

Rien de plus pénible pour le parent comme pour l'enfant que les « non » énoncés à longueur de journée. Sans compter que l'enfant risque de reprendre cette habitude à son compte. Mais il y a beaucoup de manières de dire non.

• *Le langage du corps*

Un recul ou une tension dans le corps, un regard franchement désapprobateur ou inquiet peuvent suffire à arrêter un petit enfant. Celui-ci guette souvent le regard parental quand il se lance dans une initiative dont il se doute qu'elle pourrait déplaire. Il « lira » d'autant mieux la désapprobation dans l'attitude corporelle de son père ou de sa mère qu'il est habitué à lire l'intérêt, l'affection et les encouragements. Le visage dit : « Je n'aime pas ce que tu fais et tu le sens très bien. Tu devrais arrêter. »

• *Le ton de la voix et les sons produits*

Certains parents ont développé tout un langage, très clair pour l'enfant, qui signifie clairement « non » sans le dire directement, par exemple des onomatopées comme « tss tss... » ou « hep ! » L'intensité du son produit est proportionnelle à la gravité de l'acte et à son urgence. C'est une façon de dire : « Dis donc, toi, là-bas, tu ne serais pas en train de faire une bêtise ? »

• *Une autre manière de dire les choses*

Au lieu de dire : « Non, tu ne touches pas au bac du chat », on peut dire : « Ne touche pas, c'est sale » ou : « C'est sale, ce n'est pas pour Sarah. » Cette expression toute simple : « Ce n'est pas pour Sarah » peut servir efficacement pour les livres, les téléphones, les bouteilles, les objets dangereux, etc. Pour les plus grands, arrêter un comportement peut ne pas se traduire par un « non » mais par une demande précise, impérieuse, qui ne doute pas d'être obéie : « Descends immédiatement de la table », « Pose tout de suite ce couteau. »

• *Offrir une éventualité*

C'est une autre manière de positiver le message. « Laisse le livre de maman, feuillette plutôt ton bel imagier », « Tu ne peux pas regarder ce film parce qu'il est interdit aux moins de douze ans, mais si tu veux, je peux t'enregistrer celui-ci, que tu regarderas demain. »

Un « non » qui a du sens

La forme verbale est importante, mais pas autant toutefois que le fond. Quand vous dites non à un enfant, il est très important que ce mot ait un sens. Si vos non sont élastiques ou contournables, l'enfant le comprendra très vite et vous perdrez votre autorité. Votre non doit être suivi d'actes. Si vous dites non à votre enfant, qu'il continue malgré tout et que vous n'intervenez pas, vous perdez votre pouvoir de conviction. Il apprend que « non » veut dire : « Je ne suis pas d'accord, mais pas au point de t'empêcher de faire ce que tu fais. » D'où l'importance de réfléchir avant de dire non, car il vaut mieux ne pas revenir dessus. Si l'enfant insiste et que vous êtes fatigué de vous opposer, mieux vaut dire : « Oui… oui… oui, mais c'est la dernière fois… cette fois, c'est non », plutôt que : « Non… non… non, bon d'accord, mais seulement pour cette fois ! »

Les petits adorent « jouer au non », les dire, les provoquer, les enfiler comme des perles sur un collier… Attention ! Ne laissez pas vos « non » se dissoudre dans le jeu ou dans l'humour. Vous ne pourriez plus, quand ce sera nécessaire, être pris rapidement au sérieux.

Non à quoi ?

Les parents que je rencontre me demandent souvent de les aider à faire la liste de ce qu'ils doivent interdire et de ce qu'ils peuvent autoriser. Ce n'est pas à moi de la faire. Cette liste dépend des parents, de leur environnement, de leurs habitudes, de l'idée qu'ils se font de l'éducation de leurs enfants, etc. Mais voici quelques pistes :

– *les comportements dangereux*. Là, on ose généralement interdire. Que penseriez-vous d'une mère qui n'interdirait pas à son enfant de se pencher de la fenêtre du troisième étage afin de respecter sa liberté de mouvement ?

– *certains comportements que vous jugez intolérables*. Par exemple, mordre, frapper, cracher à la figure, se chamailler à l'arrière de la voiture, faire des caprices en public, etc. ;

– *quelques interdits de confort*. Les parents y ont droit, même si cela limite la liberté de l'enfant sans faire de mal à personne. Par exemple : barbouiller les murs de feutre, jeter sa soupe par terre, mettre sa chaîne stéréo au volume maxi, etc.

Faire preuve d'empathie

Il faut que cela soit clair pour chacun : le « non » vise l'acte, pas l'enfant. Un acte résulte en partie d'un choix et l'enfant peut le contrôler. Cela a donc du sens de l'interdire. Mais les émotions et les sentiments surviennent spontanément et ils peuvent tous être librement exprimés. Il serait absurde d'interdire à un enfant d'être en colère ou de détester sa sœur quand elle lui prend ses feutres. Dire non à un enfant, c'est provoquer de la frustration. C'est normal. Cette souffrance sera d'autant plus supportable par l'enfant que le parent saura l'entendre et la comprendre. « Je sais combien tu avais envie que je t'achète une glace, mais il est trop tard, alors c'est non. », « Je comprends que ce soit dur de devoir aller se coucher alors que les autres restent au salon. »

Même s'il est empêché dans ce qu'il voulait faire, l'enfant sent qu'il est compris et estimé. À tout âge, il a besoin d'être rassuré sur le fait que, si ses parents n'aiment pas l'acte, ils l'aiment lui.

Supprimer le renforcement

Rappelez-vous : presque tous les comportements, même les désagréables, ont été appris. Ils se sont développés et ils durent parce qu'ils sont renforcés, c'est-à-dire parce qu'ils ont des conséquences qui apparaissent comme positives aux yeux de l'enfant. Donc, presque tous ces comportements peuvent disparaître spontanément s'ils cessent d'être renforcés ou « récompensés », pendant un temps suffisamment long. Ce mécanisme précisément étudié s'appelle l'« extinction ». Cela paraît simple sur le papier. La difficulté réside dans le fait de repérer ce qui maintient le comportement indésirable.

Identifier le renforcement

Des parents sont venus me voir récemment avec une petite fille de quatre ans. Ils étaient ennuyés par le fait qu'elle avait pris l'habitude de parler d'une voix plaintive et malheureuse qu'ils trouvaient très irritante. Nous avons cherché ensemble pourquoi Maurine parlait comme cela au lieu d'employer un ton de voix normal. C'est parce que « ça marche ». Quand Maurine parle normalement et gazouille comme une petite fille normale qu'elle est, personne ne fait attention à elle. Les adultes parlent entre eux, maman est dans ses pensées, trop occupée pour répondre. Quand elle « chouine » et pleurniche en parlant, Maurine inquiète ou énerve suffisamment sa mère pour que celle-ci s'interrompe dans ses occupations et lui demande ce qui ne va pas. Parler plaintivement est un comportement qui a été renforcé par les parents. Pour le supprimer, il suffit de faire exactement le contraire : ignorer Maurine quand elle chouine et prêter attention à elle quand elle est aimable. Ce que les parents ont fait. Pour la prévenir du changement, sa maman lui a dit : « Mes oreilles ont changé. Maintenant, elles sont bizarres : elles ne t'entendent pas quand tu te plains, elles t'entendent seulement quand tu as ta jolie petite voix. » Pas de surprise : en une semaine, Maurine avait compris la nouvelle règle du jeu et changé ses habitudes.

Les récompenses doivent aller aux comportements que l'on souhaite voir se reproduire. Or les parents font souvent l'inverse. Les parents de Grégoire attendaient des invités. Son père demande à Grégoire de ramasser ses affaires étalées dans la maison afin de la rendre plus accueillante. Dix minutes plus tard, le blouson de Grégoire est toujours au milieu du tapis du salon. Son père rappelle Grégoire qui grommelle mais ne vient pas. Comme souvent, son père, pressé par l'heure, décide de le faire à sa place, tout en râlant. Il ramasse vivement les vêtements et le cartable de son fils et les lui porte dans sa chambre. Qu'a appris Grégoire ? Que s'il attend au lieu d'obéir, il n'a plus à se déranger. C'est le comportement de désobéissance qui a été récompensé. Il se reproduira.

Ignorer

Rappelez-vous : nous avons identifié le besoin d'attention comme l'un des besoins fondamentaux de l'enfant. Tout comportement qui attire l'attention des parents est de fait renforcé, même s'il s'agit de se faire gronder. C'est pourquoi retirer le renforcement d'un comportement que l'on veut voir disparaître consiste souvent à l'ignorer. Rien de plus efficace pour les petits enfants (cela ne marche pas pour les adolescents : eux adorent qu'on les ignore !).

La surdité ou la cécité partielle sont des armes très efficaces, au contraire de ce que pensent souvent les parents qui se croient tenus de « sauter » sur le moindre comportement inapproprié, lui donnant ainsi une importance suffisante pour être certain qu'il se reproduira. L'éducation se ramène à encourager les comportements souhaités et à ignorer les autres.

Facile à dire, mais difficile à appliquer. Baudoin a trois ans et demi. Il veut une deuxième sucette. Sa maman dit non. Baudoin se lance dans une scène de théâtre impressionnante avec cris et hurlements. Comme sa mère ne fléchit pas, il se roule par terre et entame une grosse colère. Sa maman ouvre le lave-vaisselle et commence paisiblement à ranger les assiettes. Baudoin finit par comprendre qu'il n'impressionne personne. Du coup, il décide d'aider sa maman à vider le panier à couverts, ce qui est une de ses tâches favorites qu'il aurait été dommage de manquer pour cause de colère.

Si la maman avait cédé et donné la sucette, tout le monde comprend que le petit garçon aurait gagné et qu'il recommençait le lendemain. Mais le résultat aurait été exactement le même si sa maman s'était fâchée, s'était mise à son tour en colère ou avait pris le temps de lui faire la leçon sur le thème : « Trop de sucre, c'est mauvais pour les dents », etc. Toutes ces réactions auraient été vécues par Baudoin comme un succès, une récompense pour sa grosse colère, donc une incitation à recommencer.

Une réaction paradoxale

Les parents à qui j'explique ce mécanisme le trouvent suffisamment simple et convaincant pour avoir envie d'essayer. À chaque fois, je les préviens d'une conséquence désagréable à laquelle ils doivent s'attendre. Dans un premier temps, le comportement de l'enfant va empirer. Ce n'est que dans un deuxième temps qu'il disparaîtra. L'enfant commence par vérifier si ce que ses parents lui ont dit est vrai : sont-ils capables de rester sereins face à ses colères ? Sont-ils bien devenus sourds à ses gros mots et aveugles à ses provocations ? Il en rajoute, force le trait dans l'espoir de susciter la réaction d'attention habituelle. S'il ne l'obtient pas, il renonce. Si ses parents renforcent le comportement opposé, il oubliera celui-ci.

Astrid avait pris l'habitude de se relever tous les soirs pour rejoindre ses parents au salon. À tour de rôle, de plus en plus énervés au fil de la soirée, ses parents la ramenaient dans son lit. Le renforcement, les premières fois qu'elle se relevait, c'était un moment dans les bras de papa, encore un baiser de maman. Puis c'était simplement le fait de les mobiliser, qu'ils devaient s'occuper d'elle au lieu de s'occuper l'un de l'autre. Après en avoir parlé ensemble, les parents ont décidé la chose suivante : ils se relèveraient une fois chacun pour remmener Astrid dans sa chambre. Cela pouvait se comprendre comme une extension du rituel de mise au lit, une manière de lui dire combien elle comptait pour eux. Puis ils la préviendraient que c'était fini. Si elle revenait, ils ne s'occuperaient plus d'elle. Astrid est revenue, bien sûr, mais ses parents ne lui ont pas parlé, ne l'ont pas cajolée. Ils ont redit brièvement : « Tu retournes dans ton lit. Ce n'est plus l'heure des enfants. » Astrid s'est installée par terre, elle s'est plantée devant la télévision : elle a tenté de mobiliser l'attention de ses parents de cent façons, en vain. Puis elle a renoncé et elle est retournée se coucher. Elle a recommencé le lendemain : même attitude des parents. Les jours suivants, après avoir été raccompagnée deux fois dans son lit, elle y est restée.

Cette technique de suppression du renforcement n'est pas applicable dans les cas où l'attitude de l'enfant ne peut être ignorée et demande une intervention immédiate, c'est-à-dire lorsque l'enfant se livre à un comportement dangereux ou nuisible. Il est en train de tirer les oreilles du chien, de se battre avec sa sœur, d'arracher le papier peint, de faire rouler sa petite voiture dans la purée, etc. Dans ce cas, c'est une autre technique qu'il faut mettre en œuvre : le hors-jeu.

LE TEMPS D'ISOLEMENT OU « HORS-JEU »

Autrefois, les maîtres mettaient au coin l'élève qui bavardait. C'est passé de mode. Mais le principe est revenu sous une forme plus moderne, appelé « temps d'isolement », « hors-jeu » ou « *time out* » dans sa version anglo-saxonne.

L'idée est la suivante : lorsque l'enfant a un comportement indésirable ou provocateur, lorsqu'il « pousse » ses parents pour tester les limites, les parents décrètent un « temps calme ». Il ne s'agit pas véritablement d'une punition, mais d'un moment offert aux parents comme à l'enfant pour retrouver le contrôle de soi. Utilisé comme une punition, le « hors-jeu » perd de son efficacité pédagogique : il est plus intéressant de le voir comme une opportunité de se reprendre. C'est une technique excellente pour éviter l'escalade et marquer une pause dans une situation qui risque de dégénérer. Quand l'enfant enchaîne les comportements « indésirables », sans s'arrêter aux mises en garde et aux avertissements de ses parents, il sait ce qu'il risque. C'est une manière pour lui de poser la question des limites, le fameux « Qui c'est le chef ? » Les parents peuvent choisir d'entrer dans le conflit et le rapport de force, au risque de perdre le contrôle d'eux-mêmes (cela, les enfants le sentent très bien). Une fois que les parents ont crié, argumenté, frappé, ils se sont mis au même niveau que leur enfant et ils ont perdu la partie. À la place, ils peuvent choisir de prononcer un temps d'isolement, ce qui se révèle beaucoup plus efficace.

Quand prononcer le hors-jeu ?

Dès que possible, lorsqu'on sent que la situation dégénère. Il doit être exécuté immédiatement. Dès l'âge de deux ans environ, l'enfant comprend très bien de quoi il s'agit. Mais rien n'empêche d'isoler un moment un enfant de dix-huit mois lorsqu'on sent qu'on pourrait devenir agressif ou violent avec lui.

Vers huit ou dix ans, le temps de pause perd un peu de son intérêt et de sa force. Mais, même dans un conflit avec un adolescent, il est possible de mettre un terme aux hostilités en disant : « Je crois que la discussion tourne mal. Il vaut mieux qu'on se sépare un moment, on en reparlera quand on sera plus calmes. »

Le hors-jeu est aussi efficace pour les parents que pour les enfants. Il est tout à fait possible et même souhaitable que le parent dise, lors d'un conflit où il sent qu'il perd son calme et pourrait devenir violent : « On arrête là pour l'instant, j'ai besoin d'un hors-jeu, je me retire dans ma chambre un moment. »

Où isoler l'enfant ?

Pour les plus jeunes, l'essentiel est qu'ils soient hors de vue des parents (mais pas trop loin quand même...). Rappelez-vous : l'enfant veut attirer l'attention, c'est l'attention de ses parents qui est le carburant de ses crises et de ses colères. Donc un temps d'isolement, comme son nom l'indique, se passe hors de l'attention des parents. Je connais une maman qui avait désigné le tabouret de piano comme étant le lieu où devait rester son fils de trois ans. Une autre maman avait désigné une des marches de l'escalier, surnommée le « banc de touche ».

Mais le plus souvent, le lieu où se retire l'enfant est tout simplement sa chambre. L'essentiel est d'en faire un lieu sûr, sans danger pour l'enfant qui y reste seul. Il est important d'insister sur le fait qu'il ne s'agit pas d'une punition, mais d'un moment pour se calmer.

Il est préférable que le lieu choisi n'offre pas trop de distractions ou de plaisir. Devant la télévision, ce n'est pas le bon endroit. Mais peu importe que l'enfant, une fois dans sa chambre, lise ou joue. L'essentiel est qu'il arrête le comportement problématique et qu'il se calme.

Si vous êtes à l'extérieur, tout lieu d'exclusion et de pause fait l'affaire : un banc dans le centre commercial, au pied d'un arbre dans le parc, à l'arrière de la voiture sur le parking, etc. Dans ce cas, évidemment, vous restez près de lui.

Pendant combien de temps ?

La durée de l'isolement n'a pas besoin d'être importante. Voici un ordre de grandeur facile à retenir : une minute par année d'âge. Comme cela n'a pas beaucoup de sens pour l'enfant, on peut mettre près de lui un compte-minutes de cuisine réglé sur le temps prévu : « Quand ça sonne, c'est que tu peux revenir. »

À partir du moment où l'enfant est capable de comprendre ce que cela signifie, on peut aussi lui dire : « Tu restes dans ta chambre le temps que tu veux, mais tu ne reviens pas tant que tu n'es pas calmé. »

Si l'enfant revient paisible, tout va bien. S'il reprend le même comportement qui a justifié son isolement, il y retourne.

Comment fonctionne le hors-jeu ?

Pour que la technique soit efficace, elle doit être appliquée immédiatement, sans discussion, sans commentaire, avec conviction et fermeté. Cette attitude est la clé de la réussite : l'enfant doit sentir que vous ne plaisantez pas et que vous ne doutez pas une seconde qu'il restera le temps prévu à l'endroit prévu. S'il est dans sa chambre, ne restez surtout pas derrière la porte : c'est alors l'enfant qui vous tient captif et non l'inverse.

Évitez les cris et imprécations comme : « Cela fait dix fois que je te demande d'arrêter, maintenant cela suffit, je t'avais prévenu, tu vas dans ta chambre ! » Cela ne peut qu'inciter l'enfant à discuter et argumenter, diminuant l'efficacité de la méthode. Mieux vaut ne pas discuter. « Pause, cinq minutes dans ta chambre, tout de suite ! »

Ces cinq minutes, ce n'est pas non plus le bon moment pour lui faire la leçon, mais au contraire pour lui ôter toute attention. Il vaut mille fois mieux que vous en profitiez pour vous détendre de votre côté. Quand c'est fini, c'est fini. L'enfant s'est calmé, vous aussi, on fait la paix et on passe à autre chose. Joyeusement. Il ne faut pas oublier que, pour que ce temps « d'exclusion » soit efficace, il faut que les temps « d'inclusion » soient nombreux, chaleureux, aimants. Sinon, comment l'enfant ferait-il la différence ?

LAISSER JOUER LES CONSÉQUENCES NATURELLES ET LOGIQUES

Supprimer les conséquences positives de certains comportements suffit à les faire disparaître. D'autres comportements indésirables portent en eux-mêmes des conséquences négatives qui dissuaderont l'enfant de recommencer. C'est ce que l'on entend par « laisser jouer les conséquences naturelles et logiques ». Les parents n'ont pas à se fâcher ou à punir. Il suffit qu'ils mettent l'enfant en garde contre ce qui risque de lui arriver. S'il persiste, ils le laissent faire (sauf, évidemment, si l'acte est dangereux).

De quoi s'agit-il ?

• *Dans le cas des conséquences naturelles*

Les parents n'ont pas à intervenir. Si l'enfant refuse de manger le plat servi à table, il ne mange pas. Mais rien ne lui est proposé pour remplacer. Conséquence naturelle : il aura faim bien avant le prochain repas, ce qui lui servira de leçon.

L'enfant expérimente directement les conséquences de ses actes.

L'autre exemple classique est celui de l'enfant qui refuse de s'habiller le matin. La maman demande, insiste, supplie, se fâche : chaque matin, la même scène se rejoue. Laisser jouer les conséquences négatives naturelles du comportement de l'enfant, c'est tout simplement lui dire : « Il est 8 heures 15. Nous partons dans dix minutes. Si à ce moment-là tu n'es pas habillé, tu iras à l'école en pyjama. » Soit l'enfant la croit et il s'habille dans les temps : pas de problème. Soit l'enfant ne prend pas sa mère au sérieux et il ne s'habille pas. On part quand même, en pyjama. Que l'enfant soit confronté à la risée de ses copains ou qu'il fasse demi-tour à la dernière minute pour s'habiller en vitesse, il y a de grandes chances pour qu'il fournisse l'effort nécessaire les jours suivants.

• *Dans le cas des conséquences logiques*

Les parents interviennent, mais l'acte qu'ils posent est une conséquence directe du comportement de l'enfant et non une punition. C'est celui qui a la plus grande valeur d'enseignement pour l'enfant. Les conséquences logiques sont plus efficaces lorsque l'enfant a été impliqué dans le choix de ces conséquences. Plutôt que d'obliger l'enfant à faire quelque chose, c'est le parent qui change son comportement.

Prenons l'exemple de Maxime, onze ans. Chaque semaine, sa maman lui rappelle de mettre son linge dans le panier à linge sale s'il veut qu'il soit lavé. Mais Maxime oublie. Alors sa maman doit aller récupérer le linge dans la chambre de son fils ou bien refaire une lessive rien que pour lui s'il veut mettre « le » jean qui n'a pas été lavé. Sa maman a décidé que cela suffisait, Maxime ayant l'âge de s'occuper de son linge. Elle l'a donc prévenu qu'elle ne laverait que ce qui serait dans le panier le jour de la lessive, sans faire d'exception. Les premières semaines, Maxime s'est rapidement trouvé à cours de chaussettes propres. Il n'a pas pu mettre le tee-shirt qu'il souhaitait parce qu'il était sale et froissé sous son lit depuis dix jours. Au bout de trois semaines, il a compris que s'il voulait avoir ses vêtements propres dans son placard, il devait prendre de nouvelles habitudes. De ce jour, il a mis son linge sale dans le panier. Lassée d'essayer en vain de changer le comportement de son fils, sa maman a changé le sien, laissant les conséquences naturelles et logiques faire le travail.

Ces deux techniques sont beaucoup plus efficaces que les cris, les récriminations, les menaces ou les punitions. Elles rendent l'enfant directement responsable de ses actes, dans la confiance et le respect. « Si tu te comportes comme ceci, voilà ce qu'il se passera. Si tu te comportes comme cela, voilà. » L'enfant est mis face à ses responsabilités, il a le choix de son comportement. Les règles sont claires.

Les lois de cause à effet

Expérimenter les conséquences directes de ses actes est une formidable manière d'apprendre l'autodiscipline. Les leçons ne sont pas assenées par les parents mais données par la vie elle-même. Savoir que ses comportements ont des conséquences, pour soi comme pour les autres, et adapter sa conduite en fonction, c'est cela le début de la maturité. Être parents, c'est notamment inciter ses enfants à reconnaître et à assumer les conséquences de leurs actes.

L'expérience directe est le meilleur maître. Si vous répétez à votre enfant qui se balance sur sa chaise : « Arrête de te balancer, tu risques de tomber ! », cela va vous prendre beaucoup d'énergie de l'en empêcher, car vous luttez contre un désir tenace. Vous allez devoir répéter la même chose cent fois. Mais il suffit qu'il tombe une fois pour ne pas recommencer. C'est dire l'efficacité des leçons de la vie !

Vous demandez à votre enfant de cinq ans de ne pas éclabousser la salle de bains lorsqu'il joue dans la baignoire. Il ne tient pas compte de votre demande. Conséquence logique : il doit éponger avec la serpillière. Si vous le faites à sa place, vous empêchez la leçon de la vie.

À dix ans, il veut absolument finir son livre plutôt que de dormir ? Conséquence naturelle : il sera fatigué le lendemain à l'école et comprendra enfin ce que vous lui répétez à longueur de soirée quand vous l'obligez à se coucher.

Il refuse de manger parce qu'il n'aime pas ce qui est au menu ? Plutôt que de vous bagarrer pour trois haricots, laissez-le sortir de table sans avoir mangé et expérimenter la faim jusqu'au prochain repas. Si vous compensez par un biscuit, vous empêchez la leçon de la vie et vous renforcez le comportement « refus de manger à table ».

Il s'est fait voler son vélo parce qu'il a négligé de le rentrer au garage ? Noël est dans six mois : il s'en passera d'ici-là. Conséquence logique.

À treize ans, il a pris l'habitude de claquer la porte de sa chambre à chaque fois qu'il est contrarié ou de mauvaise humeur, c'est-à-dire plusieurs fois par jour, faisant vibrer les vitres. Vous l'informez que ce geste n'est pas acceptable et que, s'il continue, vous retirerez la porte de sa chambre pendant trois jours. Il continue. Conséquence logique : vous retirez la porte.

Les exemples sont innombrables.

Pas de commentaires

Une leçon à la fois, c'est bien suffisant. Si vous voulez que l'enfant apprenne de la vie, ne vous en mêlez pas trop. Même si c'est héroïque de vous retenir, évitez toutes les phrases du genre : « Je te l'avais bien dit ! », « Je t'avais prévenu ! », « Si seulement tu m'avais écouté ! », etc. Elles ne peuvent qu'affaiblir le message. En outre, elles attireront sur vous l'agressivité : « Évidemment, toi tu sais tout, tu as toujours raison ! » Mieux vaut laisser les conséquences parler pour elles.

Avec les plus jeunes, si vous voulez être sûr que la leçon a été retenue, vous pouvez y revenir plus tard, en reprenant l'événement.

« Maman, j'ai faim.

– Oui. Te souviens-tu pourquoi tu as si faim ?

– Parce que je n'ai pas voulu manger ce midi.

– Exact. Quand on ne mange pas, on a du mal à tenir jusqu'au repas suivant. Le goûter est dans une demi-heure. »

Les cas où c'est impossible

Évidemment, cette technique n'est applicable que lorsque les conséquences ne sont ni dangereuses ni traumatisantes pour l'enfant.

• *Les conséquences douloureuses pour l'enfant*

Pas question de le laisser se brûler en touchant la porte du four « comme ça, il ne recommencera pas ». En revanche, il est possible d'approcher doucement la main de l'enfant de la porte du four, ou de la flamme du gaz, jusqu'au seuil de douleur, pour qu'il comprenne concrètement ce qu'il risquerait en touchant. Pas question non plus de laisser l'enfant jouer au ballon près de la rue. Donner une fessée à l'enfant qui va sur la rue pour récupérer son ballon n'est pas une conséquence logique. Mieux vaut lui imposer de jouer dans le jardin ou dans le parc tant qu'il n'a pas l'âge de la prudence. Les comportements adéquats pour faire face au danger demandent beaucoup de temps aux parents. Ils doivent être montrés encore et encore : c'est le prix de la sécurité.

Pas question non plus de menacer l'enfant, parce qu'il refuse de suivre son père venu le chercher à l'école, d'un : « Puisque c'est comme ça, je pars sans toi » jamais suivi d'effet. S'il ne croit pas son père, celui-ci perd sa crédibilité. S'il le croit capable de l'abandonner, c'est encore pire...

• *Les conséquences aux dépens d'autrui*

La technique des conséquences naturelles et logiques n'est pas applicable non plus lorsque les conséquences surviennent aux dépens d'autrui. Pas question de laisser l'enfant lancer des pierres sur les voitures, sonner à toutes les maisons de la rue, prendre les jouets des autres ou martyriser les animaux. Même si la vie (ou autrui) finirait bien par lui apprendre que tout cela ne se fait pas...

• *Les conséquences indifférentes*

Enfin, laisser jouer les conséquences naturelles est sans effet si l'enfant s'en moque. Par exemple, s'il lui est indifférent de ne pas se laver les dents ou de ne pas apprendre ses leçons, car les dents sales comme les mauvaises notes ne le perturbent pas spécialement. Mais, dans ce cas, il ne s'agit pas tant d'interrompre un comportement désagréable ou odieux que de susciter un comportement souhaitable, ce qui est l'objet du chapitre suivant.

Quand l'enfant s'approche de l'adolescence, les conséquences de ses actes peuvent être plus importantes. Ses parents le protègent moins. Ses « bêtises » sont généralement plus graves. Celui qui s'est entraîné, depuis l'enfance, à peser les conséquences positives et négatives de ses actes avant d'agir sera beaucoup plus solide face à l'existence. Il sait qu'il dispose d'un choix et d'une liberté dont il a appris à faire bon usage.

1... 2... 3 !

Cette technique destinée à faire cesser un comportement négatif est certainement vieille comme le monde. Si elle a traversé tant de générations, c'est parce qu'elle a encore aujourd'hui une efficacité certaine et le mérite d'une très grande simplicité.

L'enfant a un comportement négatif que vous voulez faire cesser. Si c'est nécessaire, vous donnez une brève explication ou vous formulez une demande claire : « Arrête de donner des coups de pied dans la table. » S'il arrête, tout va bien. Sinon, vous comptez : « 1. » L'enfant arrête ? Parfait. Il continue ? « 2. » Il continue ? « 3 ! Hors-jeu. Dans ta chambre. » Temps d'isolement.

Très simple ? Oui, et très efficace, mais pas si facile. Le mieux, pour être convaincu, c'est d'essayer. Quand l'enfant a l'habitude et le parent aussi, cela marche tout seul.

L'efficacité de la méthode repose sur quelques principes simples.

Les principes de base

– Gardez votre calme, ne montrez aucune émotion manifeste. Si vous vous mettez en colère, vous allez forcément à la bagarre : aucun enfant ne saurait résister à ce plaisir !

– Ne discutez pas, ne commentez pas. « 1… 2… 3 : terminé. » Le moins de paroles, c'est le plus d'efficacité. À la limite, avec l'enfant qui sait très bien ce qu'il est en train de faire, tout cela peut se dérouler sans un mot : vous comptez avec vos doigts. Le silence après chaque chiffre est le secret de la réussite.

– L'enfant profite de l'intervalle entre deux chiffres pour protester ? Ne répondez pas, annoncez le chiffre suivant. Si la situation nécessite une explication, donnez-la brièvement avant de commencer à compter. « À 3, si tu n'arrêtes pas, on rentre à la maison sans aller au cinéma. 1… »

– Vous êtes arrivé à 3 et il ne quitte pas le terrain ? Recomptez. « 1… », « Mais, je n'ai rien fait, j'en ai marre », « 2 », « Ce n'est pas moi, c'est lui qui a commencé ! », « 3 : tu vas cinq minutes dans ta chambre », « Mais… », « Dix minutes. »

– En aucun cas, ne donnez l'impression de mendier sa compréhension ou son obéissance. Chacun sa place. Vous faites preuve d'autorité, c'est votre rôle. Votre enfant n'est pas content et proteste : c'est le sien. Si vous appliquez une sanction courte et correcte, vous économisez beaucoup d'énergie et vous préservez la relation : sans conflit inutile, on a moins de ressentiment et plus de temps de plaisir à passer ensemble.

Prévenir les enfants

Si vous n'avez jamais utilisé cette technique ou seulement de manière « artisanale », vous pouvez commencer à tout moment. Cinq minutes de conversation avec vos enfants suffiront pour leur expliquer la nouvelle règle.

Les deux parents ensemble, c'est tout de suite plus de force. « Voilà, vous savez que parfois vous faites des choses que nous trouvons incorrectes, comme réclamer cent fois alors qu'on a dit non, râler, vous disputer, etc. Maintenant, voilà ce qu'on va faire. Quand je vous verrai faire une chose inacceptable, je dirai "Je compte 1." C'est un avertissement ; cela veut dire que vous êtes supposés arrêter. Si vous n'arrêtez pas, je dirai : "Je compte 2." C'est le deuxième avertissement. Si vous n'arrêtez pas, je dirai : "Je compte 3. Va dans ta chambre cinq minutes" (ou dix, selon leur âge). Cela veut dire que vous devez aller dans votre chambre et y rester au calme le temps prévu. Quand vous revenez, on ne reparle plus de ce qui s'est passé, sauf si c'est nécessaire. On oublie. Dans ce nouveau système, il y a une chose que vous allez aimer et une que vous n'allez pas aimer. Ce que vous n'allez pas aimer, c'est que si votre comportement demande d'être arrêté immédiatement, comme insulter ou frapper par exemple, c'est "3" tout de suite. Ce que vous allez aimer, c'est que, toutes les autres fois, vous êtes prévenus. Vous avez le temps d'arrêter, donc de n'être jamais punis. Cela dépend de vous. »[1] Évidemment, vous pouvez remplacer le temps d'isolement, qui marche bien avec les petits, par une mesure plus adaptée aux plus grands : un quart d'heure plus tôt dans la chambre le soir, cinquante centimes dans une tirelire, confiscation de la console de jeu pendant une heure, etc. Ce qui relève alors davantage de la punition proprement dite.

Les punitions

Les punitions ne sont pas une très bonne manière de mettre un terme à un comportement indésirable. Elles vont généralement de pair avec le fait de se fâcher, de gronder, de crier, de menacer, de sermonner, toutes méthodes fréquemment utilisées mais peu efficaces. Si elles sont si utilisées, c'est qu'elles ont le mérite de la simplicité et de la spontanéité. Pour autant, on est assez loin d'une véritable éducation à la responsabilité et à l'autonomie.

Une technique inefficace à long terme…

Les punitions semblent fonctionner à court terme, mettant effectivement une fin provisoire à l'attitude de l'enfant. Mais il s'agit d'un résultat dont il convient de se méfier. À long terme, on constate le plus souvent une aggravation des problèmes de comportement plutôt qu'une amélioration. Les raisons en sont simples à comprendre.

– Le comportement négatif est renforcé par l'attention que les parents lui portent. Pour l'enfant, une attention même négative vaut mieux que du désintérêt. Donc la punition, si elle n'est pas brève, automatique et silencieuse, risque de servir

1. Voir *1-2-3 Magic*, de Thomas Phelan, ParentMagic Inc.

de récompense plutôt que de dissuasion. Elle va alors renforcer le comportement que les parents voulaient faire disparaître.

– Pour être dissuasive, une punition doit être désagréable ou bien elle ne sert à rien. L'enfant à qui vous dites : « Puisque c'est comme ça, tu seras privé de dessert ! » et qui vous répond : « Je m'en fiche, je n'ai plus faim ! » ou : « Tu peux te les garder tes yaourts ! » n'a rien appris sur son comportement. Or, l'enfant va avoir du mal à trouver une punition sévère « juste ». Plutôt que de s'amender, il risque de rentrer dans une réaction de vengeance, d'agressivité et d'escalade. D'autres enfants, moins frondeurs, vont développer des attitudes de méfiance ou de cachotterie. Ils ne vont pas changer leurs habitudes, mais faire en sorte que les parents ne s'en aperçoivent pas.

– Quand elle est efficace à long terme, la punition agit sur le ressort de la peur du châtiment et non du désir de bien se comporter. Ce qui signifie que, dès que l'enfant se retrouvera livré à lui-même, il sera incapable d'autodiscipline. La punition vise à réfréner un comportement, mais elle n'enseigne pas le comportement souhaité. L'enfant n'apprend pas ce qu'il doit faire. La punition le met dans un état de colère, d'humiliation ou de détresse qui n'est pas le ressenti le meilleur pour se laisser enseigner.

– Autour de dix ans, la punition perd de son efficacité. L'enfant, à l'annonce du châtiment, répond généralement : « Je m'en fous ! » ce qui met le parent hors de lui. Ou alors il faut inventer des punitions réellement désagréables : lui prendre un CD dans sa pile et le donner à Emmaüs, le priver de tout jeu supposant un branchement électrique pendant un mois, etc. Mais alors c'est de la révolte ou de la soumission que l'on génère, pas une attitude de responsabilité et de coopération. Reste cette question : quel parent d'aujourd'hui se sentirait capable d'appliquer des sanctions réellement sévères et de les maintenir dans la durée ?

… mais parfois nécessaire

L'enfant a besoin de limites. Il a besoin d'apprendre que tous les comportements ne sont pas acceptables, qu'il y a des règles, des lois, et que celui qui les transgresse se fait punir. Tout conducteur qui roule en excès de vitesse sait qu'il s'expose à une amende. Le cambrioleur sait qu'il risque la prison. Préparer l'enfant à la vie en société, c'est aussi lui apprendre à respecter une autorité et un règlement extérieurs à lui.

Pour que les punitions enseignent à l'enfant le respect de la loi et non la révolte, elles doivent être utilisées avec sagesse et modération.

– Une punition est légitime si elle sanctionne la transgression d'une loi connue de l'enfant. Il connaît la règle et il sait ce qu'il risque. Il a compris la nécessité de cette règle qui lui a été expliquée. Donc, il prend ses responsabilités. La règle est présentée de cette façon : « Tu dois être en pyjama avant 8 heures. Si ce n'est pas le cas, il n'y aura pas d'histoire », « Si tu ne cesses pas immédiatement de sauter sur ce canapé, tu vas dans ta chambre et tu y restes dix minutes », « Si tu n'es pas rentré à minuit, tu n'auras pas le droit de sortir la semaine prochaine. »

– « Si tu fais ceci, il se passe cela. » La formule est la même que dans le cas des conséquences logiques et naturelles, sauf que, dans ce cas, les parents doivent inventer une conséquence. Le but est qu'elle semble logique à l'enfant. Pour cela, elle doit être en lien le plus direct possible avec le comportement à sanctionner.

– Une punition correcte est immédiate : elle suit de très près le comportement négatif. Appliquée à distance, elle perd toute son efficacité.

– La punition correcte est prévisible, c'est-à-dire que l'enfant sait de toute certitude qu'elle tombera s'il se comporte comme cela, mais aussi qu'il peut l'éviter en changeant de comportement.

– La punition correcte évite de faire honte à l'enfant, de l'humilier, d'être donnée en public. Elle est appliquée dans le calme, clairement, sans hurler ni faire la leçon. N'oubliez jamais que les enfants ne sont que des enfants, imparfaits, remuants et provocants par définition.

Quelle punition appliquer ?

Cela dépend de l'âge de l'enfant et des circonstances. La punition doit être proportionnée à l'événement. Une punition excessive ne témoigne que de l'énervement des parents qui la donnent, pas de leurs compétences d'éducateurs.

Les punitions les plus classiques sont :

– dans la chambre plus tôt le soir ;

– privation d'un dessert particulier, de sortie avec les copains, de télévision, de l'ordinateur, de tout appareil utilisant de l'électricité ;

– écrire un paragraphe sur le sujet ;

– tâche ménagère exceptionnelle ;

– confiscation d'un jouet, du téléphone portable, de la Game Boy ;

– Amende. Vingt centimes dans une tirelire, par exemple. Cette « punition » peut concerner tous les membres de la famille, dès lors que l'on dit un gros mot ou qu'on laisse traîner ses chaussures. Ce qu'on fera du contenu de la tirelire peut être discuté en famille.

Les menaces

Attention, il est souhaitable, préventivement, de rappeler la règle et de prévenir l'enfant de ce que la transgression entraîne. Il ne s'agit nullement de le menacer sans arrêt afin d'obtenir qu'il se tienne tranquille. Les menaces ponctuelles, vides de sens ou excessives comme : « Si tu continues, tu as une gifle », « Arrête ça ou bien je te descends de la voiture et je continue sans toi », « Si tu n'es pas plus gentil, le Père Noël ne passera pas » sont une forme banale, mais infantile et nuisible de discipline. On n'éduque pas un enfant en le menaçant et en lui faisant peur.

L'enfant a besoin d'apprendre ce qu'est un comportement inacceptable, où se situe la limite et ce qui se passe si on va trop loin. Mais il ne peut pas grandir si cela lui est constamment rappelé à l'ordre sous forme de menaces. D'autant que des menaces excessives, jamais appliquées, donc sans signification, font perdre toute valeur à la parole des parents. Il est important lorsque vous dites d'une chose qu'elle va arriver qu'elle arrive effectivement. Alors mieux vaut ne pas prononcer trop de menaces en l'air ou sous le coup de l'exaspération.

LES FESSÉES, TAPES ET AUTRES COUPS

Les châtiments corporels en général sont une très mauvaise manière de mettre un terme à un comportement indésirable. C'est la pire forme de punition. Et ce n'est en aucun cas une méthode d'éducation. Il faut pourtant admettre qu'elle est encore très utilisée, même si c'est avec beaucoup de culpabilité...

Pourquoi est-ce tellement déconseillé ?

Un coup porté à l'enfant reste un coup porté à l'enfant, que ce soit sur les fesses, sur la joue, sur la main ou ailleurs. Inutile de jouer sur les mots. C'est toujours un adulte, grand et fort, qui frappe un enfant, plus petit et sans défense. Le plus souvent, c'est parce l'adulte est énervé et hors de lui. On ne peut pas dire que l'exemple donné soit le meilleur. Imaginez que le directeur de l'école primaire vous convoque pour vous signaler que votre fils de onze ans occupe une partie de ses récréations à passer ses nerfs en frappant un petit de six ans, qu'en penseriez-vous ? Ce n'est pas pareil ? Vu par l'enfant, ce n'est pas si différent. Voir ses parents faire, c'est souvent avoir envie de faire pareil. Si vous ne voulez pas faire passer le message que les coups sont le meilleur moyen de mettre un terme à un conflit, ne frappez pas votre enfant.

• *Les fessées données à l'enfant sont inefficaces*

Toutes les études l'ont confirmé. Une fessée fait plus mal qu'elle n'améliore le comportement. Et si elle ne fait pas mal, elle ne sert à rien. Les parents le constatent eux-mêmes : plus ils donnent de fessées, plus ils sont amenés à en donner. Le mécanisme est simple. Un enfant qui se sent bien agit bien. L'enfant qui a reçu une fessée se sent mal, rejeté, peu aimé. Ce malaise va se traduire dans son comportement, de plus en plus provocateur. Une manière de demander : « M'aimes-tu même si je désobéis ? » Plus il provoque, plus il reçoit de fessées, plus il se sent rejeté, en colère, mauvais. Plus il a de comportements négatifs. C'est un cercle vicieux. La fessée ne s'en prend pas au comportement ou à l'acte répréhensible, elle s'en prend à la personne : c'est tout le problème.

La seule chose efficace que les parents font en donnant une fessée, c'est soulager leur tension. Il y a des méthodes meilleures sur le plan pédagogique : taper dans un putching-ball ou aller courir dans le quartier, par exemple.

La fessée est inefficace parce qu'elle n'apprend rien. Même si l'enfant lâche prise et obéit, il le fait par peur et parce qu'il se soumet à la force, pas à la raison. Les causes des conflits non résolus restent toujours là, prêtes à produire les mêmes effets à la prochaine occasion.

• *Ni à chaud ni à froid*

Certains pédagogues recommandent aux parents la fessée, mais à condition qu'elle soit donnée « à froid », hors des moments de colère. Il est vrai qu'une fessée donnée sous le coup de la colère est dangereuse parce qu'elle peut être beaucoup plus violente qu'il n'était prévu. Elle n'a d'autre but que de soulager le parent de ses tensions. Elle blesse et humilie l'enfant, mais elle lui procure aussi l'intime satisfaction d'avoir fait sortir son père ou sa mère de ses gonds. Une façon pour lui de n'avoir pas tout perdu.

Mais une fessée sans colère, qu'est-ce que c'est ? Même si c'est moins dangereux, cela semble cruellement calculateur. Pour la plupart des parents, la quasi-totalité des fessées part sans vraiment l'avoir décidé et, s'ils avaient pu faire autrement, ils auraient préféré. Sans colère, cela signifie décider froidement de faire du mal à son enfant, attitude inimaginable pour la quasi-totalité des parents aimants. Une punition physique donnée froidement, au nom du bénéfice de l'enfant, avec la main ou avec un objet, est un abus qui peut créer de sérieux dommages. Un parent dans ce cas est peut-être quelqu'un qui a subi des choses similaires dans sa propre enfance. C'est en tout cas un adulte qui a besoin d'aide.

• *De nombreux inconvénients*

La fessée comme la gifle ont d'autres inconvénients. Elles dévaluent :

– *l'enfant.* Il est mauvais, il est méchant, il mérite de se faire battre. Tout cela n'améliore évidemment pas l'image et l'estime qu'il a de lui ;

– *le parent.* Il est incapable de contrôler ses émotions et de se faire obéir sans frapper. C'est un aveu de faiblesse, à ses propres yeux, d'où la culpabilité, et aux yeux de son enfant lorsque celui-ci grandit ;

– *la relation.* Gérer les désaccords par la violence n'améliore évidemment pas la qualité d'une relation. Où sont le respect, la confiance, l'estime réciproque ?

Enfin, la fessée perd rapidement de son utilité. Vient vite le jour où votre enfant, après la fessée ou la gifle, vous regarde droit dans les yeux en vous disant : « Je m'en fous, je n'ai même pas mal. » Qu'est-ce que vous faites alors ? Devant tant d'insolence, vous recommencez jusqu'à ce qu'il ait mal ? Ou vous vous dites que vous allez chercher une autre manière de vous faire entendre ?

Un dernier recours

Ma position est donc claire. Cela étant posé, que le parent qui n'a jamais donné la moindre fessée sur la couche de son enfant lève la main. On ne peut pas mettre dans le même sac la petite fessée administrée à l'enfant de deux ans, dans une famille chaleureuse et aimante, et les coups de ceinture réguliers donnés à l'adolescent.

• *La fessée qui part toute seule*

La fessée n'est jamais une méthode d'éducation, ni une manière habituelle de faire de la discipline, mais elle se présente parfois comme le dernier recours, face à une urgence. Signe d'impuissance, bien sûr, mais qui n'est jamais dans cette situation ? Et elle n'est pas traumatisante si elle reste modeste et rare. La fessée est donnée comme une confirmation que les parents sont bien convaincus de ce qu'ils disent. Il arrive qu'elle assainisse l'atmosphère en mettant un terme au conflit.

La « meilleure », la plus inoffensive, c'est : « Pan ! Aïe ! » et on passe l'éponge. L'enfant sait très bien qu'il a rendu sa mère furieuse et il sait pourquoi. Souvent, il a été prévenu et il veut tester la valeur de la parole. Elle avait dit : « Si tu continues, tu vas avoir une fessée ! » Il a continué, bien sûr, juste pour voir, pour avoir confirmation que ce n'était pas une parole en l'air. Sous le coup d'une impulsion, il arrive à tout enfant, même le mieux intentionné, de vouloir vérifier que les parents n'ont pas oublié l'interdiction formulée quelque temps plus tôt ou de manifester sa colère de manière insolente et provocatrice.

Plus tard, quand la crise est passée, il est toujours possible de s'expliquer, si c'est nécessaire.

Inutile de s'excuser, sauf si on a vraiment soi-même dépassé les limites. Une phrase comme : « Je suis désolée d'avoir dû en arriver là, ton attitude m'a mise hors de moi », par exemple, suffit. Mieux vaut ne pas s'empêtrer dans ses explications, que ne justifie rien d'autre que la culpabilité.

La fessée sert à soulager l'adulte de son irritation, à reprendre un pouvoir qu'il a perdu et à mettre un coup d'arrêt au comportement de l'enfant. En cela, c'est toujours un aveu de faiblesse, qui signifie que les autres méthodes ont échoué et que l'on se sent débordé. Ce n'est pas grave : nul ne peut exiger des parents d'être parfaits, calmes et sereins à 100 % !

En cas de comportement dangereux du jeune enfant, associer cet acte à une expérience immédiate et désagréable peut être utile.

• *Le comportement dangereux*

Lorsqu'un enfant jeune, qui ne parle pas encore, a un comportement par lequel il se met en grand danger sans en être conscient, il peut être justifié de lui administrer immédiatement une tape sur les fesses. C'est d'ailleurs ce que font spontanément les parents. Votre petit de dix-huit mois lâche soudain votre main dans la rue et traverse en courant pour voir le chien si mignon de l'autre côté. Vous le rattrapez en vitesse et lui donnez une fessée, accompagnée de mots très simples : « Tu dois toujours tenir la main de maman. Traverser tout seul, c'est dangereux, tu peux te faire mal. J'ai eu très peur pour toi. »

Ce que vous faites, c'est un apprentissage par conditionnement : vous associez le fait de vous lâcher la main dans la rue avec une conséquence désagréable (la fessée). Dans un cas comme celui-là, impossible de se fier à la valeur des explications ou du raisonnement. Impossible aussi de laisser agir les conséquences naturelles. Vous les remplacez par une conséquence artificielle de même nature : immédiate, claire et désagréable.

Le but n'est pas de faire mal à l'enfant, mais d'attirer son attention sur la gravité de la situation, tout en activant sa mémoire. La tape doit systématiquement être suivie d'une explication, donnée calmement, et non dans l'émotion d'angoisse ou de colère ressentie sur le moment. Une fois que l'enfant montre qu'il a compris, les tapes deviennent superflues.

La tape sur les mains

Encore une réaction fréquente des parents. Le tout jeune enfant touche un objet défendu, les parents lui donnent une tape sur la main. C'est dommage. La main, c'est pour l'enfant un outil magique, au service de sa connaissance du monde. C'est avec sa petite main qu'il expérimente, qu'il découvre, qu'il démonte, qu'il invente, qu'il dessine, qu'il joue. Sa curiosité et son besoin de toucher à tout sont la forme que prend son intelligence à cet âge-là, car toute son intelligence est sensorielle et motrice. Frapper sa main, lui dire que sa main est « méchante », c'est faire injure à cette intelligence. C'est faire passer le message qu'il ne faut pas toucher aux objets, ce qui est absurde.

Si la petite main a touché un objet défendu, mieux vaut éloigner l'objet hors de portée de l'enfant. Si la main a frappé ou tiré les cheveux, on prend la main, on l'ouvre doucement et on redirige le geste en un geste doux, caressant. « Non, on ne tape pas, on ne fait pas mal. On fait tout doux. »

Les mots qui blessent

Je n'ai fait allusion ici qu'aux coups et aux atteintes physiques, mais, en matière d'éducation comme ailleurs, les mots peuvent blesser, plus même qu'une fessée. Certains mots, surtout s'ils sont répétés, peuvent abîmer un enfant aussi sûrement que des châtiments corporels. Les mots que l'on dit à nos enfants sous le coup de la colère ou de la lassitude, les mots que l'on prononce par habitude, sans trop y penser, ces mots-là peuvent faire très mal. Celui qui dit ces mots, une fois calmé, les oublie ou les regrette. Celui qui les a reçus les garde longtemps au cœur, où ils tracent leur venimeux chemin, comme une blessure ou une incompréhension secrètes. « Tel qui parle étourdiment blesse comme une épée, la langue des sages guérit », dit le Livre des Proverbes (12, 18). On pense souvent que les enfants, parce qu'ils sont encore jeunes et insouciants, ne nous comprennent pas ou bien qu'ils oublient vite. Parce que cela nous arrange, nous feignons d'ignorer l'effet que peuvent avoir des mots trop vifs. Pourtant, si nous regardons loin en arrière, dans nos souvenirs d'enfance, nous y trouvons tous l'une de ces phrases, sous une forme peut-être différente, dont la blessure est encore douloureuse.

Certaines de ces phrases arrêtent l'enfant dans son élan vital, d'autres affectent sa confiance en lui, toutes abîment parce qu'elles heurtent l'enfant dans sa sensibilité et l'amour qu'il nous porte. Quoique nous disions, parce que nous sommes les parents, nos enfants nous croient. Ils nous prennent au mot. Alors attention à ceux que nous prononçons et tâchons d'y réfléchir à deux fois avant de lâcher l'une de ces phrases.

Respectez sa créativité et ses émotions

– Un « *Ne te salis pas !* » dit à l'enfant qui part jouer dans le jardin ou dans le square ou bien à celui qui fait de la peinture, c'est le plus sûr moyen de l'inhiber dans ses élans d'artiste ou d'explorateur. Mieux vaut l'habiller de vieux vêtements « tout terrain » et lui dire : « Comme cela, tu ne risques rien, fais ce que tu veux, amuse-toi ! »

– « *Pourquoi ne fais-tu pas le toit de la maison en rouge* ? » Si vous voulez qu'il devienne créatif et imaginatif, abstenez-vous de critiquer, de juger ou de conseiller ses productions. Il n'y a pas, en art, une bonne et une mauvaise façon de faire les maisons ou les bateaux. Dites-lui plutôt : « Tu peux être fier de ta maison, elle est vraiment bien dessinée ! »

– « *C'est ridicule d'avoir peur comme ça !* » ou bien : « *Mais non, tu ne détestes pas ta sœur !* » Eh bien si, par moments. Les sentiments ont le droit de s'exprimer et doivent être respectés. Seuls les passages à l'acte sont répréhensibles. Mieux vaut une phrase comme : « Je comprends que par moments tu l'aimes bien et par moments elle t'énerve. C'est comme cela pour l'instant, ce n'est pas grave. »

– « *Moi, à ta place...* » Évidemment, vous avez raison et vous feriez mieux que lui, mais cela mine sa confiance en lui. Une variante : « *Moi, à ton âge...* » Oui, bien sûr, à son âge, vous étiez formidable.

Tout allait mieux que maintenant. Mais le monde a changé, et votre enfant est différent de vous. D'ailleurs, dès que vous commencez ainsi votre phrase, il cesse de vous écouter...

Évitez les étiquettes et les jugements définitifs

– « *Tu ne pourrais pas être obéissant comme ta sœur* ? » ou bien : « *Tu es beaucoup plus gentille que ton frère.* » Les comparaisons entre enfants d'une même fratrie donnent des résultats désastreux. Défavorables, elles minent l'estime de soi de celui qui les reçoit. Favorables, elles excitent la rivalité fraternelle. Mieux vaut montrer à chacun qu'on l'aime pour ce qu'il est : unique.

– « *Tu ne ramasses jamais ton linge derrière toi !* » est une phrase qui condamne. « Jamais » est sûrement excessif, et peut être remplacé par « jusqu'ici », laissant l'avenir ouvert. Parler de soi vaut mieux : « Je suis très irritée quand je trouve ton linge par terre » ou, encore plus sobre : « Le linge sale va dans le panier. »

– « *Tu as toujours été paresseux* » ou « *Jean est nul en français.* » Les étiquettes appliquées à l'enfant sont toujours déconseillées. L'enfant va avoir tendance à s'y conformer (« Pourquoi essayer de changer puisque, de toute façon, je suis comme cela ? »), ce qui l'enferme dans son problème, et, dans tous les cas, le limite et l'empêche d'être autre.

Évitez menaces et chantages

– « *Si tu recommences encore une fois, tu vas voir…* » Il va recommencer, juste pour voir…

– « *Tu vas voir ton père, ce soir…* » Si l'enfant a fait une bêtise, la punition doit être donnée sur le moment, puis on fait la paix et on oublie. Sans compter que le père n'a sûrement pas envie de jouer les Pères Fouettard après sa journée de travail…

– « *Je te préviens, je m'en souviendrai !* » Un problème se règle sur le moment. Menacer et faire peur à l'enfant pour se venger ou pour obtenir quelque chose, plutôt que de faire appel à ce qu'il a de meilleur en lui, c'est mettre en place des mécanismes qui sont autant de bombes à retardement. Mieux vaut : « Je suis très mécontente de ce que tu as fait. Mais je te fais confiance, je sais que tu essaieras de ne pas recommencer. »

Ne misez pas sur sa culpabilité

«*Après tout ce que j'ai fait pour toi !*» ou sa variante : « *Pourquoi tu fais de la peine à maman ?* » L'enfant a ses expériences à faire, et sa vie à vivre, indépendamment de la vôtre. Il est toujours dangereux de provoquer chez lui de la culpabilité, sentiment dont il aura bien du mal, des années plus tard, à se défaire.

« *Tu me rends malade !* » et sa variante, plus grave : « *Il me tuera, ce gosse !* » L'enfant vous croit. Avec ces phrases, vous générez une angoisse et une culpabilité bien trop lourdes pour lui. Limitez-vous à : « Tu me fatigues ! », bien suffisant, et qui vous donne l'occasion d'aller vous détendre un moment au calme.

La sagesse populaire conseille de tourner sept fois sa langue dans sa bouche avant de parler. Et si, avant de lancer des mots qui abîment, et que l'on regrette ensuite, on essayait de se calmer et de respirer un bon coup, le temps de trouver une formulation plus heureuse et plus respectueuse ?

L'HUMOUR

À l'inverse des mots qui blessent, les mots qui détendent et font rire sont une excellente arme pour arrêter un comportement indésirable, sans pour autant en faire un drame. Risquer une remarque amusante, c'est offrir une sortie honorable à l'enfant, donc une excellente manière de discipliner. Si on peut éviter le conflit, pourquoi pas ? Par l'humour, parents et enfants se montrent solidaires, ils rient des mêmes choses, ils avancent ensemble.

Les enfants ont énormément d'humour. Ils sont les premiers à faire les clowns. L'humour sur leurs comportements, utilisé à bon escient, ouvre les petites oreilles et oriente les attitudes dans la bonne direction. L'enfant est désarmé et son cœur s'ouvre.

Félicie est dans le bain. Sa maman lui a demandé trois fois déjà d'en sortir. Au lieu de se fâcher, elle entre dans la salle de bains, regarde sa fille l'air stupéfait et dit : « Non, je rêve, ce n'est pas ma petite qui est dans la baignoire ! Ce n'est pas possible puisque je lui ai demandé trois fois de sortir. Or ma petite fille est très obéissante, donc ce n'est pas elle. Félicie est dans sa chambre, forcément, elle est en train de mettre son pyjama. Donc celle-ci n'est qu'une illusion : je vais vider l'eau et elle va disparaître avec… » Et la maman enlève la bonde. Félicie rit et file dans sa chambre mettre son pyjama.

La maman de Steve et Ben, douze et quatorze ans, passionnés de cinéma, rentre de son travail. Arrivée dans l'entrée, elle tombe sur les chaussures, laissées en plein milieu, les anoraks par terre, les cartables renversés. Elle a bien envie de se mettre en colère, une fois de plus. Au lieu de cela, elle respire à fond et dit gaiement à ses garçons, venus l'accueillir : « Où est la scripte ? Cette scène est nulle, pas du tout conforme au scénario. Quand la mère rentre, l'entrée est rangée ! Bon, je ressors, on fait une nouvelle prise ! » Là-dessus, elle ressort, referme la porte, attend trente secondes, puis rentre à nouveau : la pièce est rangée…

L'humour est une arme qui doit être maniée avec beaucoup de précautions. Si l'enfant a l'impression, juste ou fausse, que son père ou sa mère se moquent de lui ou qu'il n'est pas pris au sérieux, il le supportera très mal. Faire de l'humour aux dépens d'un enfant déjà en colère risque de très mal passer. Alors que vous tentez juste de dédramatiser l'atmosphère en faisant un peu de second degré, votre enfant peut y voir moquerie ou sarcasme. Cela ne ferait qu'aggraver la situation. Alors, attention, prudence : l'humour se pratique avec délicatesse.

6

Comment susciter (ou développer) un comportement positif

Après avoir vu les techniques sur lesquelles les parents peuvent s'appuyer pour faire cesser un comportement désagréable, voyons comment il est possible d'inciter l'enfant à de nouveaux comportements, plus positifs et plus adaptés à la vie en société.

Toutes ces techniques visent à améliorer le comportement de l'enfant, pas à le rendre parfait ! Une telle expectative serait irréaliste et injuste. Du point de vue de l'enfant, sentir que ses parents s'attendent à une attitude parfaite, c'est parfaitement décourageant et démobilisant.

L'enfant ne va pas devenir parfait, mais il va faire des progrès, discrets d'abord, plus nets ensuite. C'est le fait que les parents soient conscients et reconnaissent ces progrès qui donne envie à l'enfant de poursuivre ses efforts. Sinon, il va vite se dire : « Inutile que je fasse des efforts, de toute façon, ils ne sont jamais contents ! » Le but de toutes ces techniques n'est pas non plus que l'enfant fasse plaisir à ses parents, même si c'est une de ses motivations principales lorsqu'il est jeune, mais qu'il apprécie de développer des comportements adaptés. L'enfant se conduit bien parce que c'est ce que ses parents attendent de lui, mais surtout parce qu'il y trouve une satisfaction personnelle.

En règle générale

La première règle est simple : ce que vous valorisez, ce que vous mettez en avant, c'est ce que vous obtiendrez, en positif ou en négatif. Si vous valorisez les problèmes de comportement, ils vont se maintenir. Si vous critiquez votre enfant ou que vous lui faites des reproches à longueur de journée, il ne s'améliorera jamais. En revanche, si vous mettez l'accent sur les progrès et les bons côtés de l'enfant, il aura à cœur de continuer sur ce chemin. Par exemple, il est peu efficace de lancer aux enfants qui se disputent à l'arrière de la voiture : « Cessez de vous chamailler ! » car, même s'ils s'exécutent, ils recommenceront très vite. Bien plus efficace est la remarque positive faite au bon moment : « J'adore vous entendre jouer gentiment à l'arrière de la voiture. »

Une seconde règle fondamentale est encore plus importante à mémoriser : une action qui a des conséquences positives pour l'enfant aura toutes les chances de se reproduire. Or les parents, sans s'en rendre compte, renforcent souvent les comportements indésirables, tout en les déplorant. Un comportement qui n'est suivi d'aucune conséquence (ou d'une conséquence négative) a tendance à disparaître.

Que faites-vous lorsque votre enfant s'occupe tranquillement dans sa chambre sans déranger personne, met la table lorsque vous le lui demandez, se lave les dents avant de se coucher, joue avec son frère une demi-heure sans se chamailler ou accroche sa veste à la patère en rentrant de l'école ? Si vous êtes comme 99 % des parents, la réponse est : rien. Vous ne faites rien. Parce que vous trouvez tout cela normal. Parce que, comme tous les êtres humains, vous êtes programmé pour voir ce qui ne va pas et faire l'impasse sur ce qui va (pas besoin de s'en occuper, puisque ça va…). Ces comportements, non renforcés, risquent de disparaître.

Que faites-vous lorsque votre enfant se bat avec son frère, laisse traîner ses affaires, refuse de prendre sa douche ou de manger ses haricots ? Vous vous manifestez, vous intervenez, vous vous fâchez, vous y consacrez de l'énergie ; or votre attention et votre temps, même si c'est pour se faire disputer, sont un bien précieux pour l'enfant. S'il ne peut vous « intéresser » autrement, il le fera de cette manière. Par votre réaction ciblée, vous renforcez son comportement, vous le récompensez : il continue.

Autre exemple : vous demandez à votre fils de sept ans de ranger sa chambre. « Oh, non, ça m'embête, je ferai ça demain ! » « Si tu ranges ta chambre maintenant, je te donnerai une glace quand tu auras fini. » Qu'avez-vous fait ? Vous n'avez pas du tout contribué à mettre en place un nouveau comportement positif qui consisterait à ranger sa chambre ou à vous obéir. Vous avez encouragé l'attitude qui consiste à commencer par dire « non » pour faire monter les enchères. S'il avait dit « oui », votre fils n'aurait pas eu de glace (en tout cas, c'est ce qu'il peut penser). Il apprend que s'opposer à vous est une attitude payante.

Les encouragements et les compliments

Cette première technique est efficace lorsque le comportement que vous souhaitez promouvoir chez votre enfant est déjà présent, mais trop rarement à votre goût.

Une « nourriture » indispensable

Les encouragements, au même titre que tous les retours positifs sur ce qu'ils sont et ce qu'ils font, sont indispensables aux enfants pour grandir et s'épanouir, aussi nécessaires que l'eau aux plantes du jardin. C'est vraiment ce qui les met sur la bonne voie. Les parents ont souvent du mal à intégrer cette notion. Beaucoup d'entre eux restent convaincus que ce sont les remarques, les critiques et les punitions qui incitent les enfants à s'améliorer. Ils passent donc beaucoup plus de temps à reprendre et critiquer leur enfant qu'à le féliciter pour ce qu'il fait de bien. J'espère avoir été assez convaincante et vous avoir persuadé du contraire. Gratifier est beaucoup plus efficace que punir. Le bâton ne sert à rien.

Il faut savoir que tous les enfants veulent faire plaisir à leurs parents et que ceux-ci soient contents d'eux. Mais c'est difficile à satisfaire, un parent, et bien exigeant ! C'est pourquoi l'enfant a besoin d'être soutenu dans ses efforts.

Les encouragements motivent l'enfant à bien se comporter, car ils augmentent sa confiance en lui. Il sait que ses parents comptent sur lui et le jugent capable de mieux faire. Il ne veut pas les décevoir. Il se dit : « Je suis quelqu'un de bien, de compétent. J'ai une influence sur ce qui m'arrive. Je suis digne d'être aimé. » Il ne ressent pas le besoin de se comporter de façon insupportable et de tester ses parents en les poussant sans arrêt à bout pour s'en persuader. Par leurs remarques positives, les parents soutiennent leur enfant dans les efforts qu'il fait pour se conformer à leurs désirs. Sinon, à quoi bon ? L'enfant se sent compris, accepté dans ses émotions et ses imperfections.

Voulez-vous savoir si vous faites assez de remarques positives à votre enfant ? Regardez lucidement le déroulement des jours derniers : combien de critiques, combien de « non », de remarques désobligeantes, de reproches ? D'autre part, combien de messages réellement positifs pour lui, appréciant son comportement, combien de compliments, d'encouragements ? Si vous n'obtenez pas un rapport d'un à trois ou quatre en faveur des seconds, vous allez dans la mauvaise direction. Ne vous étonnez plus des difficultés que vous rencontrez dans l'éducation de votre enfant. Et sachez qu'elles vont continuer si vous ne changez pas. À la limite, on pourrait dire que ce n'est pas le comportement de l'enfant qui est cause des critiques parentales : ce sont les critiques et reproches trop fréquents qui sont causes de son comportement. Chaque jour, à chaque occasion pertinente, l'enfant a besoin d'être encouragé et reconnu. À bon escient, légitimement et sans exagération, bien sûr.

Améliorer la fréquence d'un comportement positif

Ce que l'enfant fait déjà, mais peu, doit être renforcé systématiquement par les parents s'ils veulent que cela devienne un comportement habituel et durable. C'est-à-dire que les parents doivent marquer systématiquement ce qu'ils ont apprécié. Lorsque le comportement deviendra plus fréquent, il sera possible d'espacer les commentaires et les encouragements. Le comportement positif continuera parce que l'enfant en aura pris l'habitude, mais aussi parce que c'est un plaisir qu'il partagera avec ses parents.

Dans certains cas, le comportement souhaité par les parents est fréquemment adopté par l'enfant, mais les premiers veulent juste le renforcer et le maintenir. Là encore, l'indifférence risque d'aboutir au résultat inverse. Rien n'est jamais définitivement acquis ! Cette attitude de l'enfant doit aussi être renforcée et félicitée, mais pas systématiquement. Une remarque gentille occasionnelle ou un compliment à l'improviste sont des outils puissants.

Votre fils de sept ans se lave les dents « presque » chaque soir sans que vous ayez à le demander ? Une fois de temps en temps, dites-lui : « Qu'est-ce que je suis contente que tu te laves les dents tout seul : tu as de belles dents bien blanches, je suis fière de toi ! » Une autre fois : « J'étais chez une amie hier soir, elle a dû réclamer trois fois à son fils de neuf ans d'aller se laver les dents. Cela m'a fait plaisir de penser qu'il y a longtemps que je n'ai quasiment plus à te le demander ! »

L'art du compliment
Attention : complimenter n'est pas flatter

Pour qu'une remarque positive faite à l'enfant prenne la forme d'un compliment ou d'un encouragement, atteigne réellement son but, elle doit être sincère et chaleureuse. Elle sera d'autant plus appréciée qu'elle répond à certains principes.

– De même qu'une critique doit porter sur un acte et non sur une personne, le compliment aura plus d'effet s'il concerne un acte et non l'enfant lui-même. « Tu es gentil » porte moins que : « Merci de m'avoir aidée à étendre le linge. »

– La sincérité est importante. Or l'enfant sent d'autant plus la sincérité de la remarque que celle-ci est spécifique. « J'admire la vitesse avec laquelle tu t'es décidé », « J'aime bien que tu aies mis plein de couleurs à ton dessin », « Je suis contente que tu aies pris soin de ton compas, que tous les accessoires soient encore dans la boîte », « C'est gentil d'avoir fait la vaisselle. » Le compliment vague, en revanche, a peu d'incidence sur le comportement. Avec un compliment spécifique, l'enfant ne se sent pas seulement aimé, mais il se sent vu et reconnu.

– La remarque inattendue a beaucoup de valeur. L'enfant ramène une note très moyenne à son dernier contrôle de maths : « Je pense que tu dois être déçu par ta note. Mais sache que je suis très content des efforts que tu as faits et je suis sûr que cela va porter ses fruits », « Super, la manière dont tu as rangé ton bureau ! » ou « Merci d'être si souriante ce matin ! »

– Les enfants seront très fiers si le compliment est donné en public, devant le reste de la famille ou devant des amis. De la même manière qu'on peut encourager un enfant en affichant ses dessins sur le réfrigérateur, on peut le mettre en avant verbalement. Des amis viennent dîner et admirent la table joliment décorée : « Ce n'est pas moi qu'il faut féliciter : c'est Julia. C'est elle qui a eu l'idée de mettre ces petits bouquets de fleurs au milieu et qui les a réalisés. »

– Les paroles ne sont pas la seule manière de complimenter ou d'encourager. Un sourire complice, un clin d'œil, un pouce levé signifiant : « Bravo ! » ou : « Tu vas y arriver ! », un petit mot sur l'oreiller qui dit : « Bon boulot ! Merci », tout cela est simple mais précieux.

– Les encouragements ne sont jamais excessifs, surtout lorsque l'enfant est en difficulté et sur le point de renoncer. Les compliments peuvent l'être. Ils perdent alors leur crédibilité. « Tu es la plus jolie petite fille du monde », cela passe à trois ans, pas à huit. L'excès rend le compliment peu crédible. Il provoque l'incrédulité de l'enfant (« Tu dis cela parce que tu es ma mère, tu n'es pas objective ») et la méfiance des adolescents, qui y voient une manipulation grossière.

– Si l'acte qui est félicité a demandé un effort particulier, comme une victoire sportive, un concours de musique pour lequel l'enfant s'est entraîné, une tâche ménagère ingrate, il est normal que les compliments soient en rapport, c'est-à-dire appuyés. En revanche, s'il s'agit d'un acte normal de la vie courante, attendu par les parents, mais rarement effectué, une « prise en compte » suffit : un sourire, un remerciement. « Je suis contente que tu aies pensé à éteindre les lampes de ta chambre en sortant. »

Bien sûr, le but de l'éducation n'est pas que l'enfant progresse parce que ses parents le félicitent ni même pour leur faire plaisir. Le but est qu'il trouve en lui les raisons de progresser et qu'il soit fier de lui en avançant dans la vie. C'est pourquoi les compliments, qui sont un renforcement externe, doivent parfois laisser la place à un renforcement interne. « Que penses-tu de ce bulletin ? » « Tu peux être fier de ce que tu as réalisé. » « Ce résultat, tu ne le dois qu'à toi-même. » L'enfant est content de lui, son but principal n'est plus de contenter ses parents : cette sensation le rend autonome et le fait grandir.

Les demandes et les instructions

Avec les demandes, nous abordons les techniques indispensables pour développer chez l'enfant un comportement qu'il n'a pas ou très peu. La première consiste à lui demander de faire quelque chose. Cela paraît tout bête. Évidemment, vous y avez déjà pensé et vous avez constaté que cela ne marche pas, sinon vous n'auriez pas acheté ce livre !

En fait, demander, cela paraît simple... mais ça ne l'est pas. D'une part, parce que beaucoup de parents pensent qu'ils ne devraient pas avoir à demander, et surtout pas cent fois. L'enfant « devrait » savoir, depuis le temps, qu'on ne joue pas avec le téléphone portable de maman, qu'on ne laisse pas traîner son cartable au salon, qu'on aide à mettre la table, qu'on fait ses devoirs avant de s'amuser, etc. Donc il « devrait » le faire sans qu'on ait à le lui demander. Si le monde était bien fait... Seulement, les enfants ne fonctionnent pas comme cela. Ceux d'aujourd'hui encore moins que ceux d'hier.

Cela n'est pas simple pour une autre raison. Il y a demande et demande. Pour que l'enfant obéisse, il faut y mettre la bonne forme. La réaction de l'enfant va dépendre du ton de voix et de la forme de la demande. Cela est d'autant plus important que l'enfant est jeune : le bon pli est pris. Mais il n'y a pas d'âge pour se faire entendre et obéir de son enfant.

Le bon moment

Si vous demandez à votre enfant, qui est sur le point de gagner une partie d'échecs sur Internet avec un partenaire au Canada, de tout laisser en plan pour aller ranger sa chambre, ne vous attendez pas à ce qu'il vous réponde : « Ah, oui, j'y vais immédiatement, tu as raison de me le rappeler » en éteignant l'ordinateur. Pareil pour le petit que vous envoyez au lit alors qu'il a « presque » terminé son dessin animé. Croyez-vous qu'il va vous dire : « Merci de m'offrir l'opportunité de prendre un repos bien mérité » ?

Bien sûr que non. Vous allez vous attirer au mieux de l'indifférence (« Oui, oui, j'arrive » ou bien il fait celui qui n'a rien entendu), au pire des protestations et un sentiment d'injustice. Personne n'aime être dérangé dans une activité agréable pour aller en faire une désagréable. Bien sûr, l'enfant doit participer aux tâches ménagères et une certaine discipline est indispensable. Mais l'établissement de règles régulières doit permettre de limiter au minimum les interruptions d'activités de loisir.

Si l'enfant doit faire quelque chose rapidement, le mieux est de l'en informer un peu avant. Au plus jeune, on peut dire : « Dès que tu as fini ton puzzle, tu files dans le bain » ou : « Quand la grande aiguille est tout en haut, tu éteins ta lampe. » Au plus grand : « Je veux que l'aspirateur soit passé d'ici à ce soir. À toi de choisir ton moment. » Ou : « Dans combien de temps auras-tu fini ta partie ? J'aimerais que tu sortes le chien rapidement. »

La bonne manière

La forme de la demande est déterminante.

• *Le regard*

N'oubliez jamais de commencer par prendre contact par le regard. Il n'y a pas pire sourd que l'enfant qui ne vous regarde pas. Mettez-vous à quatre pattes si c'est un petit, faites-le lever le nez de son écran ou de sa bande dessinée si c'est un plus grand. Ne parlez que les yeux dans les yeux.

• *La brièveté*

Faites bref. La directive principale doit être contenue dans la première phrase. Plus c'est long, plus vous risquez de perdre l'attention de l'enfant. Plus vous argumentez, plus vous vous justifiez, plus vous donnez à l'enfant l'impression que vous n'êtes pas sûr de vous. S'il sent que vous êtes gêné de lui demander quelque chose, vos chances d'être obéi sont faibles.

• *La précision*

Soyez clair et précis. Des mots simples, des phrases courtes, c'est la certitude d'être compris et cela offre le moins d'espace possible pour les malentendus. La précision enlève la possibilité du doute et du flou. « Je n'avais pas compris que tu voulais que ce soit fait tout de suite… »

• *La compréhension*

Éventuellement, demandez à l'enfant de répéter ce que vous venez de dire. D'abord, vous serez sûr qu'il a bien compris, ensuite, c'est une manière pour lui de s'approprier la consigne. S'il ne peut pas répéter, c'est que vous avez été trop long, trop compliqué ou trop confus. Soyez plus clair : simplifiez et allez à l'essentiel.

• *Le calme*

Parlez d'une voix calme, d'un ton plutôt bas. Si l'enfant crie, baissez encore davantage le ton. Faites preuve d'empathie face à ses protestations : « Je comprends bien que tu as envie de rester au lit, mais c'est l'heure de se lever et de se préparer. » Votre tranquillité et votre compréhension peuvent suffire à le calmer. Mais, même s'il s'énerve, additionnez votre colère à la sienne n'arrangerait rien. Rappelez-vous : vous êtes l'adulte, vous donnez les consignes. Il est l'enfant, il proteste. Chacun est dans son rôle. Votre calme sûr de son droit est un gage de réussite.

• *La conviction*

Prenez une voix professionnelle et factuelle, sans émotion particulière, une voix qui ne doute absolument pas d'être obéie. La voix du « boss » que vous êtes. Une voix qui véhicule un message clair : « Je sais que tu ne vas peut-être pas aimer ce que je te demande, mais tu vas quand même devoir le faire, et rapidement. » Par exemple : « Adèle, au lit, maintenant. » Ou : « Pierre, tu sors tes leçons, c'est l'heure de t'y mettre. »

Le bon contenu

Le ton étant trouvé, reste à énoncer le contenu qui donnera le meilleur résultat.

– Si l'enfant est occupé, vous pouvez attirer son attention par une phrase comme : « J'ai une chose à te demander, tu m'écoutes ? » C'est une introduction qui vise à attirer son attention et à vous assurer que « vous avez la ligne ».

– Adressez-vous à l'enfant par son prénom lorsque vous commencez votre phrase. Il se sentira davantage concerné que par une phrase « générale » ou lancée à la cantonade.

« Jérôme, c'est l'heure de rentrer ! » vaut mieux que : « Les enfants, il est déjà 7 heures ! »

– Évitez le « nous » ou le « on » qui noient le message. « On dirait que c'est l'heure de se mettre à nos devoirs ! » « Ne croyons-nous pas que nous devrions nous coucher ? » Mieux vaut être plus direct. « Marie : devoirs finis à 7 heures ! »

– Vous pouvez commencer vos phrases par : « Je veux que… » ou : « Je te demande de… ». Demander n'exclue pas la politesse :

« Ramasse tes affaires et porte-les dans ta chambre, s'il te plaît. » Évitez à tout prix, en revanche, de demander son avis à l'enfant :

« Veux-tu bien m'aider à débarrasser ? » Même si c'est de pure forme, il y a de grandes chances pour qu'il pense ou réponde « non ».

– Il y a une formule facilement applicable et très efficace : « Quand…, alors… » ou : « Dès que…, alors… » Par exemple : « Quand tu te seras lavé les dents, on lira l'histoire. » « Dès que tu auras fini tes devoirs, tu pourras aller sur l'ordinateur. »

Le premier secret, c'est de faire glisser le moins agréable dans la perspective du plus agréable : c'est la confiture qui aide à avaler le comprimé amer. L'agréable en premier, cela ne marche généralement pas. Obtenir de l'enfant qui a bien joué, qui s'est dépensé, qui s'est fatigué, qu'il nourrisse le cochon d'Inde ou se mette à ses leçons est beaucoup plus difficile que de dire : « Dès que tu as nourri Cookie, tu peux aller jouer. »

Le second secret, c'est d'employer « quand » et non pas « si ». « Quand tu auras rangé ta chambre, tu pourras inviter un copain à venir jouer » plutôt que : « Si tu ranges ta chambre… » Le « si » suggère que l'enfant a le choix. Avec « quand », l'obéissance est attendue, il n'y a pas de doute.

– Si vous vous expliquez, faites-le brièvement. Il s'agit juste de montrer que vos demandes ont du sens, pas de vous justifier. « J'ai besoin que tu enlèves tes affaires qui sont sur la table pour que je puisse mettre le couvert », « Je te demande de finir vite ton yaourt, sinon tu seras en retard à l'école. »

– Expliquer, cela peut prendre la forme d'un message personnel dans lequel le parent exprime son ressenti. Soit sur un événement passé : « Quand tu laisses traîner tes affaires au salon, cela me contrarie beaucoup, parce que ce n'est plus une pièce jolie et agréable à vivre », « Je suis déçue quand je vois que tu n'as pas encore écrit à ton grand-père depuis Noël pour le remercier, parce que je sais que cela lui fait de la peine. »

Soit sur un événement à venir. Le message personnel est dans ce cas un message de prévention. Il s'agit alors de prévoir les risques liés à une situation. En parler avant peut éviter bien des difficultés. « Tu viens avec moi faire les courses au supermarché. Tu pourras choisir les céréales que tu veux, mais je te préviens que nous ne nous arrêterons pas au manège. » « Le voyage va être long : huit heures environ. Que peut-on aménager ensemble pour que cela se passe bien et que vous ne vous disputiez pas à l'arrière de la voiture ? » « J'aimerais que tu me préviennes quand tu ouvres le dernier pack de lait, afin que je ne me retrouve pas à cours lorsque j'en ai besoin. »

Les récompenses

La récompense est une conséquence positive engendrée par les parents suite à un comportement de l'enfant qu'ils souhaitent voir se développer. Entendue dans son sens le plus large, la récompense est certainement un outil efficace pour inculquer un nouveau comportement. En effet, si une action est suivie d'une conséquence positive pour l'enfant, il y a toutes les chances pour qu'elle se répète. Mais, comme pour les demandes, il y a une façon de procéder qui donnera à la récompense toute sa force.

Récompense, mode d'emploi

• *Récompenser un acte*

Comme pour les compliments, qui en sont une forme, on récompense les actes, précis et définis, pas les personnes. Pas non plus de récompenses trop générales, surtout pour les plus jeunes. Cela n'aurait pas beaucoup de sens et ils ne sauraient pas quel comportement reproduire. Pour un collégien, en revanche, il est tout à fait adapté de récompenser le travail d'une année scolaire qui s'est bien déroulée.

• *Être très clair*

Si vous souhaitez renforcer un comportement chez votre enfant, soyez très clair sur ce que vous voulez. Il faut que le résultat soit indiscutable : c'est fait ou ce n'est pas fait. Par exemple, il s'agit de nourrir le perroquet tous les soirs avant le dîner.

• *Être spécifique*

Si vous récompensez un comportement précis, soyez attentif à ne pas renforcer inconsciemment un comportement opposé ou différent. Par exemple, si l'enfant a nourri le perroquet, mais que vous avez dû le lui rappeler un jour sur deux, cela ne mérite pas de récompense. S'il oublie de nourrir le perroquet, ne lui faites pas la leçon pendant dix minutes : rappelez-vous que votre attention ou votre colère, pour l'enfant, peut agir comme un renforcement.

• *Une récompense étalée*

La récompense peut être donnée d'un coup, à la fin. Par exemple : « Si tu passes en seconde et que tu es reçu à ton brevet, tu pourras partir une semaine en vacances chez ton copain. » Mais, avec les enfants plus jeunes, les récompenses à long terme sont inefficaces. Mieux vaut les donner par étapes, à chaque fois que le comportement souhaité est observé. Cela rend les progrès concrets. Les récompenses « cumulatives » (voir page 202) sont parfaites dans ce cas-là.

• *Récompenser rapidement*

Toujours pour les plus jeunes, qui vivent essentiellement dans le présent, la récompense, quelle que soit sa forme, doit être donnée très vite après l'acte de l'enfant. Son efficacité tient en partie à cette rapidité. Promettre à Jean, quatorze ans, une voiture quand il en aura dix-huit s'il travaille bien au collège, ou promettre à Sybile, huit ans, une jolie poupée à Noël si elle tient sa chambre rangée depuis septembre, tout comme promettre à Jonathan, trois ans, d'aller au manège demain s'il se tient bien aujourd'hui n'a aucun sens. Les enfants n'ont pas la capacité mentale ou la maturité de garder en tête un but à long terme et de s'en servir pour modifier leur comportement quotidien. Le temps pour eux est bien plus lent que pour nous : ils se désintéressent d'un objectif à trop long terme.

• *Récompenser par surprise*

La récompense la plus efficace survient par surprise. Vous avez par exemple demandé à votre enfant de ramasser les feuilles mortes du jardin et il l'a fait gentiment et correctement, ou alors il a été particulièrement serviable avec sa grand-mère qui est venue passer une semaine à la maison. Vous souhaitez le récompenser alors qu'il ne s'y attend pas. Mais la récompense peut aussi fonctionner comme une promesse pour un comportement inexistant que vous souhaitez développer.

Dans tous les cas, c'est aux parents et non à l'enfant de décider finalement du moment et de la manière dont il doit être récompensé, afin de ne pas lui apprendre à quémander. Rien de plus désagréable que l'enfant qui réclamerait son dû pour avoir rendu service ou s'être comporté correctement.

• *Récompense n'est pas salaire*

Si « tout effort mérite salaire », toute participation aux tâches ménagères ou toute bonne note ne méritent pas une récompense matérielle. La récompense permet de mettre en place un nouveau comportement, puis elle cesse d'être nécessaire quand l'habitude est prise. En aucun cas elle n'est un salaire que l'enfant recevrait systématiquement pour des choses somme toute normales. Sa valeur tient dans le fait qu'elle reste exceptionnelle et souvent imprévisible. On range sa chambre parce que c'est plus pratique et plus agréable. On mange de tout parce que cela fait partie de l'éducation. On apprend ses leçons pour le bonheur de connaître de nouvelles choses et parce qu'on prépare son avenir. On participe aux tâches ménagères parce que, dans une maison commune, chacun a des droits et des devoirs. Pas pour gagner quoi que ce soit. Le but, pour l'enfant, est qu'il comprenne qu'un bon comportement comporte ses propres récompenses.

Les récompenses sont de différentes sortes. Tout ce qui est considéré comme désirable par un individu peut servir de renforcement pour son comportement. L'essentiel est de trouver quelque chose qui fasse plaisir à l'enfant et non à ses parents, dont les goûts peuvent être très différents ! Avant dix ans, n'oubliez pas que le plus beau des cadeaux, c'est vous. Un moment d'intimité partagé, un moment de plaisir commun : cela rend l'enfant très heureux. Pour les adolescents, il faut trouver autre chose…

Les récompenses affectives

On retrouve ici la notion de compliments et d'encouragements vue au chapitre précédent. Une récompense affective, c'est un sourire, un baiser, un câlin, un récit fait devant la famille ou devant les amis. L'essentiel passe, comme souvent, par le langage du corps. L'enfant sait que vous êtes content grâce à lui, il est heureux que vous le soyez, par le ton de votre voix, par votre enthousiasme, par la manière dont vous le regardez, par la fierté joyeuse qu'il lit dans vos yeux. Cette forme subtile de récompense est très puissante pour les enfants.

Les récompenses tangibles

Voici quelques exemples de récompenses qui plaisent beaucoup aux enfants, selon leur âge et leur tempérament :

- aller manger une glace ;
- le droit de veiller plus tard le soir ;
- inviter un copain à dormir ou passer une nuit chez un copain ;
- faire des crêpes ou des gaufres ;
- une heure d'ordinateur ou de console ;
- une ballade dans les magasins ;
- une séance de cinéma ;
- une grande partie de Monopoly ;
- le petit déjeuner au lit ;
- une histoire de plus le soir dans le lit ;
- dormir avec le chien ;
- des images ou des objets pour la collection ;
- aller à la piscine ;
- choisir le menu ;
- un nouveau tee-shirt ;
- choisir le programme du dimanche ;
- une dispense de tâche ménagère.

Pour les plus grands, les récompenses peuvent être inscrites dans la durée et demander des efforts plus soutenus. Les récompenses sont aussi plus importantes : un billet pour un concert, un disque… Les récompenses en argent conviennent au-delà de douze ans, lorsque l'enfant commence à avoir des besoins que les parents n'ont pas forcément envie de satisfaire. Il peut ainsi augmenter sa cagnotte et profiter de la liberté de s'acheter ce qu'il veut. Mais elles doivent rester exceptionnelles. Les récompenses n'ont pas besoin de coûter cher. Elles peuvent être simplement symboliques. L'essentiel est qu'elles fassent plaisir à celui qui les reçoit.

Les récompenses cumulatives

C'est une récompense tangible, donnée au fur et à mesure. Au lieu d'avoir tout de suite sa récompense ou de l'avoir d'un coup au bout d'un certain nombre de comportements positifs, l'enfant reçoit des jetons ou des points. Soit il peut les échanger le jour venu contre une récompense (voir liste d'idées ci-dessus). Soit il doit atteindre un certain nombre de points pour avoir droit à la récompense prévue au départ. L'avantage est que l'enfant est récompensé à chaque comportement favorable, chaque fois qu'il nourrit le chien, qu'il prend sa douche sans râler, qu'il se lève au premier appel… Il se représente la récompense sous la forme du point qui lui est donné, il voit les points s'accumuler et il peut mesurer son avancée. La récompense intermédiaire est donnée très vite après l'acte, ce qui la rend efficace. La récompense finale est donnée au bout d'un certain temps qui permet la mise en place de l'habitude.

Un enfant peut apprécier une récompense qui n'est pas immédiate s'il visualise son approche par des jetons, des points ou des étoiles dessinées sur un calendrier. Dans la famille de Christine, les jetons sont donnés aux enfants lorsqu'ils rendent le service demandé, rapidement et sans discuter. Vider la machine, étendre le linge, laver la baignoire, aller chercher le pain, etc. Un ou deux jetons selon le temps et la difficulté de la tâche. Les jetons sont ensuite échangeables contre du temps de télévision ou d'ordinateur : une demi-heure par jeton.

L'argent peut aussi être considéré comme une récompense cumulative. Votre adolescent veut un lecteur de CD. Vous décidez de le lui offrir à condition qu'il fasse du babysitting pour vous en gardant sa petite sœur les soirs où vous sortez. Chaque soir de garde, vous mettez une somme fixée d'avance dans une tirelire. Le jour où la somme du lecteur est atteinte, vous videz la tirelire et vous allez ensemble choisir le lecteur.

Un certain nombre de parents pensent que ces services rendus au sein de la famille sont normaux, qu'il est aussi normal que l'enfant apprenne correctement ses leçons, que tout cela n'a donc pas à être récompensé. D'accord. S'ils y arrivent autrement, par la simple conviction, bravo. Mais pour tous les parents qui ont du mal à obtenir des choses pourtant « évidentes » de leurs enfants, il ne s'agit pas tant de récompenser des comportements normaux que de donner un coup de pouce à la mise en place de bonnes habitudes. Les bonnes notes ou les services rendus n'ont pas à être « rémunérés » systématiquement, mais une petite récompense de temps en temps montre à l'enfant combien vous êtes conscient de ses efforts et fier de son attitude.

Le contrat

Parvenir à ce que l'enfant développe de nouvelles habitudes de comportement est difficile pour plusieurs raisons :

– l'enfant a déjà des habitudes et il est très difficile d'en changer. C'est comme pousser une voiture hors de son ornière : la force à développer est énorme ;

– il n'a aucune motivation pour changer, si ce n'est que ses parents râlent après lui, mais ce n'est qu'un inconvénient mineur ;

– arrêter un comportement déplaisant ne prend qu'une seconde. Mettre en place un comportement souhaitable prend beaucoup de temps. Car il ne s'agit pas seulement de commencer ni de faire une fois, mais de faire régulièrement et sans rappel.

Constantin, treize ans, ne range pas sa chambre. Il ne fait rien de mal, simplement il laisse tout traîner, ses vêtements sales, ses cahiers, ses papiers de chewing-gums. Ses parents sont atterrés. Quand ils lui demandent de ranger, Constantin répond : « Qu'est-ce que ça peut vous faire, ce n'est pas votre chambre ! Vous n'avez qu'à pas y venir. Moi, elle me plaît comme cela. » Lui n'a aucun problème. Sa mère, si : elle ne supporte pas qu'il y ait une pièce dans cet état chez elle, si peu nettoyée, si peu aérée. Elle a essayé d'appliquer les conséquences naturelles, c'est-à-dire de laisser faire le temps, mais elle a « craqué » avant son fils. Elle est manifestement plus gênée que lui par son fouillis, mais convaincue que ce n'est pas à elle de ranger. Que faire ? Passer un contrat. Constantin ne rangera régulièrement sa chambre que s'il est convaincu qu'il a quelque chose à y gagner.

Qu'est-ce qu'un contrat ?

Le contrat est une technique amicale et non conflictuelle. Il s'agit d'un accord passé entre l'enfant (qui prend un engagement) et les parents (qui promettent quelque chose en retour, généralement une récompense).

Lorsqu'un enfant est motivé, la satisfaction qu'il ressent à progresser suffit à justifier ses efforts. C'est le cas de l'enfant qui s'engage dans une pratique sportive sérieuse et s'entraîne pour les compétitions. Ou pour le passionné de musique qui pratique le violon deux heures par jour avec bonheur. Des encouragements les jours difficiles et des félicitations sincères lui suffisent.

Mais beaucoup d'enfants ne sont pas du tout motivés intérieurement pour faire ce que leurs parents leur demandent. Dans ce cas, les parents doivent trouver une motivation externe, artificielle, qui prendra le relais de l'absence de motivation interne le temps nécessaire. L'enfant va gagner quelque chose qu'il désire, qui n'a rien à voir directement avec la tâche qui lui est demandée. Comme cette tâche n'a pas, en elle-même, de conséquence positive pour l'enfant, qu'elle a même le plus souvent des conséquences négatives à court terme, les parents produisent une motivation extérieure qui servira de renforcement positif.

Comment fonctionne-t-il ?

Le contrat est issu d'une négociation entre le parent et l'enfant. Chacun veut quelque chose de l'autre : à la suite d'une discussion, ils vont se mettre d'accord sur les termes d'un échange. Cet accord est un engagement mutuel clair et précis qui sera écrit sur une feuille et cosigné. Une certaine solennité ne nuit pas. Pour bien fonctionner, l'accord doit sembler juste et convenir aux deux signataires. Si l'un a l'impression de se « faire avoir », il aura des difficultés à tenir ses engagements. D'où la nécessité d'une bonne discussion, respectueuse, où chacun cultive l'art du compromis mais a l'impression de sortir gagnant de la situation.

• *Des comportements spécifiques*

L'enfant comme le parent s'engagent sur des choses concrètes, clairement définies et positives. Ce sont des choses à faire (nourrir le chat, faire son lit, etc.) dont il est simple de vérifier si elles sont exécutées ou non. Mettre dans l'accord : « Être plus gentil » ne peut pas fonctionner car les critères de jugement sont trop flous. En revanche, « Mettre la table », « Préparer son cartable la veille au soir » sont des comportements qui se prêtent très bien au contrat.

La récompense promise peut être n'importe laquelle du moment qu'elle motive l'enfant et que les parents sont d'accord. Dans les contrats, on utilise souvent le système des jetons et des croix marquées sur le calendrier, qui permettent de suivre les progrès journellement.

• *Trouver un accord*

Il y a plusieurs manières de procéder. La plus simple est la suivante. Les parents de Maël veulent que ce dernier fasse régulièrement trois choses qu'il ne fait pas actuellement. Par exemple, se coucher à 9 heures sans discuter, mettre son linge sale dans le panier et tirer sa couette avant de partir à l'école. « Voilà ce que je voudrais que tu fasses tous les jours. Chaque jour, nous ferons le point. Chaque fois que l'une de ces trois choses sera faite, nous mettrons une croix dans le tableau. Quand tu auras cinquante croix, je te ferai un cadeau. Nous allons décider ensemble lequel. Si tu oublies quelque chose, il ne se passera rien. Si tu y penses, tu as une croix. » Une fois la discussion terminée, elle est entérinée.

• *S'adapter à l'âge de l'enfant*

Bien sûr, avec un enfant de quatre ans, un seul comportement à la fois est suffisant et la récompense doit intervenir rapidement (une semaine ou deux maximum). Des jetons qu'il peut conserver ou le plaisir de mettre lui-même la croix ou l'autocollant dans le tableau l'aideront à avoir une vision concrète de ses progrès. Un adolescent, en revanche, peut s'engager sur un plus long terme. Constantin a très envie d'un lecteur MP3. Ses parents ont discuté avec lui : si sa chambre est maintenue rangée, régulièrement aérée, que l'aspirateur est passé chaque semaine et la vaisselle sale rapportée à la cuisine chaque jour, cela pendant trois mois, Constantin aura son lecteur pour Noël.

• *Le tableau*

Une fois le contrat conclu et signé, on dessine un tableau : dans la première colonne, on liste les comportements attendus. Les autres colonnes correspondent aux jours. Avec un enfant qui ne sait pas encore lire, des petits dessins très simples peuvent remplacer, sur le tableau, la liste des tâches : un lit, une brosse à dents… Avec un adolescent, un simple calendrier suffit : on met une croix en face du jour « OK ».

Si le soutien public et familial est une aide, on affiche le contrat sur la porte du réfrigérateur. Si la discrétion est préférée, il est fixé à l'intérieur de la porte de placard de la chambre.

Chaque jour, on regarde si le comportement est réussi (sans qu'on ait eu à rappeler l'enfant à l'ordre évidemment). Si oui, on met une croix ou on colle un autocollant dans la case correspondante. « Bravo ! Tu as gagné une croix ! Tu en es déjà à dix ! C'est super ! » Sinon, on ne commente pas le résultat. Aucun reproche, aucune leçon, aucun rappel de l'accord. Juste un constat factuel : « Ton lit n'est pas fait, pas de point aujourd'hui. »

Quand arrête-t-on ?

Si, rapidement, rien ne se passe, inutile de laisser les jours s'écouler. Un bon contrat fonctionne rapidement. Dans le cas contraire, il faut comprendre pourquoi l'enfant ne tient pas ses engagements. Le plus souvent, c'est que l'effort demandé lui semble trop important par rapport à la récompense promise ou bien celle-ci est trop éloignée dans le temps. Il faut rediscuter. Morceler la tâche. Lors des premiers contrats, les parents doivent être assez modestes dans leurs attentes. Si l'enfant est content, s'il gagne assez facilement, il sera d'accord pour s'engager sur des changements demandant davantage d'efforts. Lorsque le comportement est acquis, le contrat et les récompenses ne sont plus nécessaires. Par exemple, quand il est exécuté sans problème pendant deux semaines. Il ne faut pas que cela dure trop longtemps sur les mêmes comportements car il y a un risque de lassitude. Quand l'enfant a gagné ce qui était prévu, c'est le moment d'aller manger une glace et de passer à autre chose.

Les critiques

Si ce type de contrat n'est pas plus utilisé par les parents, malgré sa simplicité et son efficacité, c'est pour deux critiques principales qui lui sont faites.

• *Récompenser un comportement « normal »*

Certains parents sont choqués par l'idée de récompenser à chaque occasion un bon comportement. En fait, il s'agit de ne le faire que pendant un certain temps, nécessaire pour que la nouvelle habitude soit prise. Vu la force des habitudes, une fois le comportement souhaitable installé, il sera solide. Les parents n'auront plus qu'à le renforcer occasionnellement pour qu'il se maintienne. Ceux que le terme de « récompense » dérange dans ce cas peuvent utiliser celui de « motivation temporaire » !

• *Une forme de « corruption »*

D'autres parents voient dans ce système une forme de chantage, quand ce n'est pas de corruption. Ils sont choqués de devoir dire à leur enfant : « Si tu fais ceci correctement pendant le temps prévu, tu gagneras cela. »

Cette réaction résulte d'une incompréhension. D'abord, parce que l'enfant est d'accord avec le contrat, on ne le force pas, il y trouve son compte, ce qui n'est pas le cas dans le chantage. Ensuite, parce que ce mode de contrat fonctionne de manière universelle et omniprésente. Ce n'est pas du chantage, mais un échange entre deux personnes dont les intérêts diffèrent. Lorsque vous achetez une baguette de pain, vous dites à la boulangère : « Si vous me donnez un pain, je vous donnerai un euro. » Deux intérêts s'échangent. La prime donnée comme récompense à l'employé qui a fait le meilleur chiffre, est-ce de la corruption ? Et l'hypermarché qui vous donne des points en fonction de vos achats, points que vous pourrez échanger contre quelque chose qui vous fait plaisir, montre ou billet d'avion, est-ce du chantage ? Non, le magasin cherche juste à vous faire prendre de nouvelles habitudes de comportement, à vous fidéliser, vous le savez et vous êtes d'accord.

Les parents sont « les chefs » à la maison. C'est à eux de satisfaire les besoins et les désirs de leurs enfants. Mais ils veulent aussi que leurs enfants apprennent à être responsables, autonomes et bien élevés. Cela s'acquerra en grande partie spontanément, mais certains comportements sont difficiles à initier. Qu'existe-t-il d'autre face au contrat assorti d'une promesse ? Les punitions ? Les cris et les colères ? L'épuisement dû au fait de répéter cent fois les mêmes choses ? Les menaces ? Pas plus efficace, pas plus bénéfique, pas plus éthique.

Par le contrat, l'enfant apprend la responsabilité et le sens de l'engagement. Il se sent respecté.

Le compte-minutes

Celui qui a inventé le minuteur de cuisine avait certainement en tête d'aider les cuisiniers et les cuisinières à ne pas oublier le gâteau dans le four ou à réussir les œufs à la coque. Il n'a pas pensé que son invention serait une aide irremplaçable pour de nombreux parents qui ont du mal à se faire obéir de leurs enfants et à encourager les bons comportements.

• *À quoi peut servir le compte-minutes ?*

Il est très utile pour comprendre le temps, bien sûr, mais aussi pour organiser les activités ou pour établir une routine. Il peut aider à amener l'enfant à se lever, à aller au lit, à ramasser ses affaires, à nourrir le poisson rouge, à mettre la table, à sortir du bain, à s'habiller, etc. Quand les parents veulent qu'une chose soit faite, au lieu de dire : « Quand tu auras un moment, tu rangeras tes affaires », ils déclarent : « Tu as cinq minutes pour tout ramasser », « Quand ça sonne, tu sors du bain. » L'enfant râle ? Le compte-minutes s'en moque.

• *Pourquoi le système fonctionne-t-il si bien ?*

Parce que les petits enfants ont une tendance naturelle à vouloir relever les défis et battre un engin mécanique qui fait seulement « tic tac ». Quand sa maman lance à Marion, cinq ans, habituellement moins zélée : « Je parie que tu n'es pas capable de t'habiller avant que ça sonne : je règle le minuteur sur dix minutes », Marion part en courant vers sa chambre. « Alexandre, tu as deux strophes de récitation à apprendre. Je mets le minuteur sur quinze. Voyons si tu es capable de les savoir avant que ça sonne ! – Chiche ! Je te parie que j'y arrive ! » Évidemment, la règle du jeu veut que l'enfant puisse gagner à tous les coups s'il le souhaite : le temps imparti, sans être trop large, doit donc être suffisant.

Quand les parents ont plusieurs enfants, ils organisent souvent la compétition entre eux pour parvenir à leur fin : « Le premier qui finit son assiette choisit son yaourt », « Le premier couché choisit l'histoire. » Quand l'enfant est seul, il se met en compétition avec le compte-minutes : le principe est le même, soit il gagne, soit c'est la machine.

Outre le fait que les enfants adorent les défis, le compte-minutes est efficace parce qu'on ne peut pas le manipuler émotionnellement. Avec lui, on ne teste pas les limites. Pas moyen de le pousser à bout. Le problème qui était celui du parent contre l'enfant devient celui de l'enfant contre la machine. Or qui va se fâcher contre une machine ? Si l'enfant proteste ou argumente, la machine n'a qu'une réponse : « tic tac tic tac… »

Les avantages du compte-minutes sont donc nombreux :

– il permet les défis ;

– il ne se fâche pas ;

– on ne s'énerve pas contre lui. On ne discute pas. On ne négocie pas ;

– le temps imparti n'est pas à rallonge : cinq minutes, c'est cinq minutes ;

– le résultat est sans ambiguïté : ce qui est demandé est fait ou n'est pas fait. Si c'est fait : « Bravo, super ! » et la vie continue. Si ce n'est pas fait, si l'enfant ne « joue pas le jeu », il va falloir essayer une autre méthode.

LES AIDE-MÉMOIRE

« Solène, as-tu pensé à nourrir le hamster ? – Ah non, j'ai oublié. »

« Maxime, as-tu passé l'aspirateur comme je te l'ai demandé ? – Oh, j'ai oublié, j'étais au téléphone avec Sophie et ça m'est complètement sorti de l'esprit ! »

Vous avez un doute, évidemment. Vous, vous n'oubliez jamais les mille tâches que vous devez accomplir, les mille détails de la vie de tous les jours, qui s'ajoutent aux milliers d'informations professionnelles... Pourtant, c'est seulement une question de responsabilité et d'entraînement. L'enfant, qui sait que vous êtes là pour lui rappeler les choses ou les faire au dernier moment, ne se sent pas responsable. Il vit dans l'instant. Alors, aussi étonnant que cela puisse paraître, il peut très bien oublier dans les deux minutes une chose que vous lui rappelez pourtant régulièrement et qu'il a acceptée de bon cœur. Sa bonne volonté n'est pas en cause. Vous lui avez rappelé dix fois d'écrire un petit mot à sa grand-mère pour la remercier d'un cadeau. Chaque fois, il a répondu gentiment : « Ah oui, c'est vrai, j'ai encore oublié, je vais le faire. » Mais, s'il ne l'a pas fait immédiatement, cinq minutes après il a encore oublié. Jusqu'au prochain rappel. Quand vous avez accepté qu'il ait un hamster à condition qu'il change la cage chaque semaine, il a accepté avec sincérité. Le problème, c'est qu'il oublie chaque semaine si vous ne le lui rappelez pas. Ce que vous faites, avec lassitude, acrimonie et reproches.

Que faire ? Laisser traîner des indices pour l'aider à se souvenir. Laisser les actes parler pour vous. Vous ne vous serez pas fâché et l'enfant aura le bénéfice du résultat : il y aura pensé « tout seul ». Vous pourrez même le féliciter.

Pour les plus jeunes, la technique du « Qu'est-ce qu'on dit ? » lorsqu'on leur tend un objet peut être généralisée. « Qu'est-ce qu'on fait avant de traverser la rue ? » « Qu'est-ce qu'on fait avant de passer à table ? » L'enfant répond et assimile ainsi la règle progressivement. Pour les plus grands, les actes peuvent servir d'aide-mémoire : la cage du hamster en plein milieu de la cuisine, l'aspirateur devant la porte de la chambre...

Dès que l'enfant sait lire, les petits mots sont sans doute ce qu'il y a de mieux.

Au-dessus de la table de la cuisine, une grande feuille écrite en rouge dit : « Débarrasser la table après le goûter. » Sur la chambre de l'adolescent, un post-it où il est écrit : « Descends ta vaisselle sale avant la moisissure. » Dans la salle de bains, au mur, est fixée une feuille qui rappelle ce qu'on doit faire après sa toilette : rincer la baignoire, suspendre sa serviette, emporter ses vêtements, etc.

Une autre manière d'aider l'enfant à mémoriser les règles essentielles consiste non seulement à les répéter souvent, mais à en faire des petites comptines faciles à inscrire dans sa mémoire. À chaque famille d'inventer les siennes :

« Enfant occupé à moitié pardonné. »
« Linge pas donné, linge pas lavé. »
« Ce que tu as à faire, fais-le sans attendre. »
« Le dernier déshabillé, le premier couché. »
« Erreur réparée déjà pardonnée. » Etc.

1… 2… 3 !

La technique qui consiste à compter jusqu'à trois pour obtenir de l'enfant qu'il cesse un comportement négatif (voir page 147) peut être exceptionnellement utilisée pour initier un comportement. Mais c'est une technique qui transmet peu d'énergie. Pour cette raison, elle ne fonctionnera qu'à deux conditions :

– le comportement demandé est unique, précis et ponctuel ;

– la durée de l'acte est brève, une ou deux minutes au maximum. « Gaspard, range tes chaussures dans le placard, s'il te plaît. – Je suis occupé là, je regarde un truc… – Je compte 1… – Mais… – Je compte 2… – OK, ça va, j'y vais ! » À 3, Gaspard allait dans sa chambre s'isoler dix minutes, truc ou pas.

C'est une bonne technique si vous avez besoin d'un coup de main rapide ou qu'une tâche soit effectuée sur le moment. Mais elle ne permettra pas la mise en place de nouvelles habitudes de comportement.

7

L'AUTORITÉ, ÂGE PAR ÂGE

Nous allons voir, dans ce dernier chapitre, comment les techniques de discipline se modulent selon l'âge de l'enfant. Bien sûr, certaines règles sont générales, mais on ne gère pas de la même manière le petit de deux ans qui veut jouer avec la télécommande et l'ado de quinze ans qui veut se faire un piercing sur la langue. Dans les deux cas, les parents peuvent être amenés à dire non, mais certainement pas avec les mêmes mots… bien que, dans les deux cas, la pugnacité de l'enfant puisse être étonnante !

À chaque âge, je reprendrai quelques exemples des questions que les parents posent fréquemment.

LE PETIT ENFANT DE DIX-HUIT MOIS À QUATRE ANS

Pourquoi commencer à dix-huit mois ? Parce qu'avant les parents n'ont en général aucun problème d'autorité. Ils peuvent avoir des difficultés avec leur bébé quand celui-ci régurgite ou pleure la nuit, mais cela n'a rien à voir avec l'autorité. Avec la discipline, oui, si l'on inclut dans sa définition l'ensemble des règles instituées dans un lieu donné, c'est-à-dire, chez le bébé, la mise en place d'habitudes douces et d'un rythme sécurisant.

Les parents s'y prennent très bien avec leur tout petit bébé. Ils savent créer une relation affectueuse, être à l'écoute de ses besoins, faire preuve de patience et de douceur. Cette base qu'ils construisent dès la naissance est très importante pour la suite. Elle s'élabore chaque jour à travers les petits échanges quotidiens, le bain, les chansons, les câlins, les repas, les jeux, les paroles, la complicité. C'est parce que la relation affective est bonne que l'enfant voudra obéir à ses parents et leur faire plaisir. C'est aussi grâce à cela que les parents comprendront leur enfant et sauront adapter leurs exigences et leurs attitudes.

Quand ce merveilleux bébé cesse d'être un ange…

Avec les premiers pas assurés, vers quinze mois, tout change. Ce bébé gentil et calme devient une terreur. À ses bons moments, il sait être tendre, charmeur, drôle, enthousiaste. Mais il peut aussi, lorsqu'il approche de ses dix-huit mois, se montrer exigeant, coléreux, rebelle et casse-tout. Pendant ces années, le petit enfant se comporte comme si tout lui appartenait et que le monde devait tourner autour de lui. Concession ? Connaît pas. Toute contrainte lui est insupportable, la sieste comme le change. Il veut manger tout seul avec ses doigts, mais refuse obstinément de faire dans le pot. Il ne supporte pas d'être contrôlé, mais exigerait volontiers de sa mère qu'elle reste près de lui toute la journée (et la nuit, bien sûr) comme une compagne de jeu ou le meilleur des doudous.

• *Une attitude souple mais ferme*

À ce stade, défini par un besoin sans fin d'exploration, l'enfant aspire à de l'espace et de la liberté pour fouiller, tripoter et grimper partout. Comme il doit s'adapter aux contraintes d'un monde fait pour les adultes, il va se confronter toute la journée à une série d'interdits et d'empêchements qui ne peuvent que nuire à son développement et à l'ambiance familiale. C'est pourquoi les parents ont pour obligation d'aménager l'environnement pour qu'il puisse s'y mouvoir en sécurité, pour lui comme pour les objets qu'il rencontre. Mais, à l'inverse, ne pas avoir d'exigences ni de contrôle sur le comportement de cet enfant serait aussi une erreur, le meilleur moyen d'en faire un enfant-roi, un petit tyran dont tout le monde aura à souffrir, lui le premier.

Une attitude ferme, mais souple, patiente, calme, est celle qui donne les meilleurs résultats. Les parents doivent absolument garder le contrôle de la situation, montrer à l'enfant qu'ils sont aux commandes et faire passer leur conviction : « C'est ainsi que les choses doivent être et pas autrement. »

Même s'il est inutile d'attendre un résultat probant avant l'âge de trois ans, quand l'enfant commencera à pouvoir contrôler ses pulsions, son attitude face à l'autorité se joue là, dans ces trois premières années. Si les parents se révèlent incapables de coucher leur bambin de deux ans avant 22 heures, ils auront beaucoup de mal, treize ans plus tard, à l'obliger à rentrer à minuit…

Certains parents sont trop occupés pour poser les règles et les bases de l'autorité. D'autres aiment trop ou sont trop fatigués pour avoir le dessus et le dernier mot dans les confrontations avec un petit à fort tempérament. Ceux-là vont perdre leur position de « chef » (voire ne jamais la prendre) et auront du mal à la retrouver lorsque ce sera nécessaire. Ils risquent fort d'avoir alors des problèmes de même ordre, mais bien plus compliqués à résoudre.

• *Une autorité fondée sur la compréhension*

Discipliner les petits, c'est aussi leur apprendre le contrôle de leurs émotions et de leurs actes, le respect d'autrui, la sécurité. C'est leur offrir une chance de grandir en devenant des enfants puis des adultes épanouis et heureux parmi leurs semblables.

Le petit pose toujours la même question : « Qui est le chef ? Qui décide ? » Pour se sentir en sécurité et apaiser sa rébellion, il a besoin d'une réponse claire et appropriée. Une réponse qui signifie : ce sont nous, tes parents, qui tenons les rênes et prenons les décisions ; nous savons ce qui est bon pour un petit garçon ou une petite fille de ton âge ; si tu nous écoutes, il ne t'arrivera rien de fâcheux. Discipliner un petit, cela passe par la capacité qu'ont les parents de le comprendre et de se mettre à sa place. À trois ans, on ne « pense » pas comme un enfant de sept ans, encore moins comme un adulte. On n'est pas « raisonnable » (dans les deux sens : ni doué de raison ni apte à être raisonné). Mais les parents attentifs, qui connaissent bien leur enfant, en sont les meilleurs spécialistes. Ils sentent très bien quand leur enfant est vraiment en détresse ou quand il fait du « cinéma », quand il explore pour son plaisir ou quand il teste les limites, s'il appelle le soir dans sa chambre parce qu'il a vraiment peur du noir ou pour prendre le pouvoir sur sa mère en la faisant revenir une troisième fois. C'est cette compréhension qui est la clé de l'attitude à avoir. L'enfant a sa façon à lui de s'exprimer. Le comprendre, c'est savoir comment agir, s'il faut consoler ou être ferme, s'il faut intervenir ou non.

Comment réagir devant les colères ?

Marion, depuis environ six mois, fait des colères épouvantables à chaque fois qu'elle est contrariée. Elle devient rouge, elle est en larmes, elle peut crier pendant une heure. Je ne sais pas comment intervenir. Elle semble bouleversée. Mais je ne veux pas non plus céder à chaque fois… Que faire ?

Les petits, entre dix-huit mois et quatre ans environ, sont volontiers coléreux.

Les prétextes qui peuvent servir de déclencheurs à une colère sont innombrables. Les vraies raisons sont moins nombreuses. Il y en a deux principales. L'une est la frustration interne de l'enfant qui veut faire quelque chose et qui n'y arrive pas, simplement parce qu'il n'en est pas encore capable : qu'il veuille exprimer une opinion sans en avoir le vocabulaire, défaire un lacet noué serré ou coller une gommette récalcitrante, il a de quoi s'énerver. L'autre est l'interdit ou le refus que mettent les adultes face à ses désirs : que l'enfant veuille attraper un paquet de gâteaux dans l'allée du supermarché, faire le phoque dans la baignoire ou couper lui-même sa viande, c'est non. Là encore, il y a de quoi se fâcher. Il voudrait décider de sa vie, mais il se sent petit et impuissant. Obéir ? C'est insupportable. Ou alors vraiment pour faire plaisir…

Mais un petit enfant peut aussi se mettre en colère parce qu'il est trop fatigué, trop énervé, parce qu'il a faim, parce qu'il est trop stimulé, pour dire haut et fort qu'il existe et qu'il faut tenir compte de lui, pour imposer ses désirs, parce qu'il ne sait pas encore contrôler ses émotions ou encore parce que c'est un bon moyen de manipuler son entourage ou d'arriver à ses fins… Les raisons ne manquent pas ! Comment réagir à ces colères ?

• *Soyez compréhensif*

– Et vous, vous ne vous sentez jamais en colère ou frustré ? Si, bien sûr. Vous comprenez votre enfant : dites-le-lui. « Tu as raison, ces bonbons ont l'air délicieux, la prochaine fois, c'est ceux-là que nous achèterons. » « Tu veux encore jouer un peu et moi je te demande encore de ranger tes jouets. Je comprends bien que tu sois en colère. » Ou bien : « J'ai l'impression que tu es en colère. Est-ce tu veux bien m'expliquer pourquoi ? » Mettre en mot diminue la charge émotionnelle. De même si vous pouvez proposer à votre enfant de passer sa rage en tapant dans un coussin ou en criant le plus fort possible (pensez à rassurer les voisins !). « Lequel de nous deux arrive le plus vite au bout de la rue ? » aide à diminuer le stress.

– L'enfant, lancé dans une crise de colère, perd tout contrôle émotionnel. Il n'entend rien, il vole en éclats. Le contraindre ou le raisonner ne ferait que renforcer ses cris.

– En revanche, ce qui n'est pas acceptable, c'est la réaction agressive. Être en colère ne donne pas le droit de casser, de frapper ou de mordre. L'enfant dont on accepte la colère a plus de facilité à en contrôler les effets.

– La tension nerveuse doit d'abord se vider. Le mieux est de laisser un temps à l'enfant pour décharger cette énergie, soit en l'ignorant, soit en l'isolant lorsque c'est possible (« Tu vas aller un moment crier dans ta chambre, tu reviendras lorsque tu seras calmé »).

• *Gardez votre calme*

Ne piquez pas une colère plus forte que la sienne. Il serait terrifié. Souvenez-vous que votre attitude a toujours valeur d'exemple pour l'enfant. Plus facile à dire qu'à faire, sans aucun doute, mais tellement important ! Si la colère de votre enfant vous met en colère, vous justifiez la sienne, c'est aussi simple que cela. Votre enfant prend modèle sur vous. Si vous savez contrôler vos émotions et refréner vos emportements, il apprendra rapidement à en faire autant.

Il y a une autre raison. Rester calme, sans crier ni argumenter, se montrer tranquille et ferme est le moyen le plus efficace de faire tourner court une colère. Si vous êtes résolu et serein, compréhensif mais armé d'une conviction totale, l'énervement en face ne peut que retomber.

• *Tout show a besoin d'un public*

Il y a, dans toute grande colère, un côté show qui n'est pas négligeable. La mise en scène est importante. Chaque détail est conçu pour influencer les spectateurs dans le sens voulu. Ce sont en partie les réactions de la salle qui déterminent l'évolution et la durée du spectacle. Dans un théâtre, un spectacle qui ne trouve pas son public arrête rapidement ses représentations. Il en est de même pour le show coléreux.

C'est pourquoi, chaque fois que c'est possible, la meilleure réaction à une colère qui démarre est de lui ôter son public. À la maison, sortir de la pièce où est l'enfant et aller vaquer à ses occupations ailleurs est souvent suffisant. Il vous rattrape pour venir hoqueter dans vos jambes ou vous labourer de coups de poing ? C'est lui que vous mettez hors jeu en l'isolant un moment dans sa chambre, gentiment mais fermement, avec bien sûr le droit de revenir dès qu'il sera calmé. En public, dans la rue ou dans un magasin, c'est évidemment plus compliqué. Si vous ne pouvez pas vous isoler un moment avec l'enfant, vous pouvez toujours lui retirer votre attention. Il est très difficile d'ignorer un petit qui hurle. Heureusement, feindre d'ignorer marche également très bien.

• *À la fin de la colère*

Lorsque vous sentez que l'enfant a vidé une grande partie de sa rage, vous pouvez, s'il accepte, l'aider à terminer. Enveloppez-le dans vos bras et tenez-le un moment contre vous, de manière ferme et tendre. Bercez-le doucement. Cela l'aide à se reconstruire.

Ne restez jamais sur un conflit. C'est à vous de faire le premier pas vers la réconciliation. L'enfant a absolument besoin de savoir que sa colère n'a pas endommagé l'amour que vous lui portez.

S'il a eu des gestes violents qui ont fait mal ou cassé quelque chose, aidez-le à réparer. Il peut demander pardon à son frère ou ramasser les morceaux du puzzle qu'il a lancés en l'air.

Expliquez-lui qu'il a, comme tout le monde, le droit de ressentir et d'exprimer de la colère, mais pas celui de détruire ou de faire mal.

• *À froid*

Si votre enfant est très coléreux, s'il réagit à la moindre contrariété ou frustration, c'est le moment de vous interroger. Avez-vous su lui imposer progressivement des limites ? Est-ce bien clair que ce n'est pas lui qui commande à la maison ?

Donnez-vous à votre enfant l'exemple d'adultes qui savent contrôler leurs émotions, dériver leur propre colère et garder leur calme ?

• *Comment éviter la prochaine colère ?*

Pour les plus jeunes, essayez très rapidement de détourner leur attention vers quelque chose qui les intéresse. Cela va de : « Oh, regarde le pigeon sur la terrasse ! » à : « N'est-ce pas l'heure de ton feuilleton ? » Parfois, un oui limité, qui est l'aboutissement d'une négociation, peut désamorcer un conflit. C'est la méthode sans perdant. « D'accord pour le bonbon, mais un seul » ; « OK pour que tu continues ton jeu, mais cinq minutes seulement. »

Elle ne veut rien manger

Lara est, depuis l'âge de vingt mois environ, devenue une petite mangeuse. Je n'avais aucun problème avec les biberons, mais elle est devenue très difficile depuis que je lui donne des morceaux et que j'ai diversifié l'alimentation. Il m'arrive de me fâcher pour qu'elle goûte ou qu'elle finisse son assiette. Les repas deviennent un bien mauvais moment à passer. Comment faire pour qu'elle mange ?

Désolée, je n'ai pas de solution toute faite. Faire manger un enfant, comme le faire dormir, comme l'obliger à la propreté ne relève aucunement de l'autorité, alors inutile d'entrer dans un rapport de force ou dans un conflit. C'est un combat perdu d'avance et dangereux. Vous ne pouvez que créer les conditions favorables pour que les comportements souhaités surviennent, rien de plus.

Comment faire manger de force un enfant qui serre les dents ou recrache ? Mieux vaut, dans ce domaine sensible, faire preuve de souplesse et d'habileté. Le but de l'éducation alimentaire est bien que l'enfant apprécie des saveurs différentes, pas forcément qu'il mange de tout. C'est surtout le plaisir de venir à table et de partager le repas. Mais, pour y parvenir, l'exemple, la patience et l'incitation à goûter réussiront toujours mieux que la force.

Ne lui préparer que ce qu'elle aime ou compenser son refus par une assiette de pâtes n'est pas non plus la solution…

La délicate mise au lit

Bastien est un charmant petit garçon de deux ans… jusqu'au moment de se mettre au lit. Là, il devient infernal : il proteste, crie, se relève, s'accroche à moi. Certains soirs, je reste près de lui jusqu'à ce qu'il s'endorme, mais j'ai aussi besoin de ces soirées avec mon mari. Comment mettre un terme à ces scènes ? Quand il s'endort enfin, c'est un vrai soulagement. Nous n'en pouvons plus.

Rares sont les petits enfants qui vont spontanément se coucher à l'heure dite. Leur notion de « l'heure du lit » est bizarrement beaucoup plus tardive que celle de leurs parents. La fatigue n'y change rien. Même épuisés, certains enfants courent, sautent partout comme s'ils étaient montés sur ressort. D'autres acceptent de se coucher, mais se relèvent ensuite pour réclamer un peu d'eau, un pipi, un bisou, mettant la patience des parents à rude épreuve. Bien souvent, ces mises au lit qui n'en finissent pas sont seulement le fruit de mauvaises habitudes, heureusement rattrapables. Les bonnes tiennent en quatre points.

• *Établir le rituel : pipi, les dents, au lit !*

Les petits aiment les habitudes. Une fois un ordre établi pour la mise au lit, le déroulement et l'heure fixés, il n'est plus nécessaire d'y revenir. C'est l'enfant lui-même qui enchaînera les étapes. Lavage des dents, lecture de l'histoire, gros câlin, extinction des feux… À vous de trouver ce qui convient, en fonction du rythme de la maison. Puis ne déviez plus, sauf raison exceptionnelle (visite de mamie, soirée spéciale, etc.). Rappelez-vous que ce qui est énoncé comme une loi (« Les enfants se couchent à 8 heures ») prête moins à opposition que ce qui semble « le fait du roi » (« Il est tard, tu vas au lit »).

• *Ramener progressivement le calme*

Inutile d'essayer d'endormir un enfant excité comme une puce. Le temps qui précède la mise au lit doit être réservé à une activité de détente. Après le dîner, petit dessin animé, échange en famille, lecture d'histoire, par exemple.

• *Sortir de la chambre d'un pas décidé*

Le rituel se termine : la petite histoire est lue, les poupées sont couchées, le câlin est fait. Il est temps d'éteindre la lumière, de se souhaiter une bonne nuit et de sortir de la chambre de l'enfant. Faire traîner au-delà du nécessaire traduirait une hésitation dont l'enfant s'emparerait aussitôt pour demander une rallonge. Votre petit a besoin de sommeil, il est en sécurité dans son lit : sortez sans culpabilité. C'est justement votre certitude qui va le convaincre.

• *Gérer les rappels avec fermeté*

Très souvent, vous aurez droit aux rappels : « Encore un bisou ! », « J'ai soif ! », « J'ai peur ! », « Je veux faire pipi », etc.

Si votre enfant sait que vous allez céder, cela n'en finira pas. Avant de quitter la chambre, faites le point : le verre d'eau, le pipi, le bisou, tout est bon. Alors sortez pour ne plus revenir ou bien une seule fois si tel est le « jeu » mis en place. Au-delà, votre enfant sait qu'il peut vous manipuler et il ne s'arrêtera pas. Si vous revenez, vous montrez votre propre angoisse de séparation. C'est la gentillesse ferme et tranquille qui rassure l'enfant et lui permet de s'endormir calmement.

Les morsures

Mon petit Stephen, vingt-deux mois, a découvert les morsures depuis quelques semaines. Je lui dis qu'il ne faut pas mordre les copains parce que cela leur fait mal, mais rien n'y fait. Dois-je le mordre à mon tour pour qu'il comprenne ?

La morsure est un comportement qui commence tôt. Il n'a pas la même signification à huit mois et à deux ans. C'est malgré tout dès le début qu'il faut montrer sa désapprobation.

• *Une attitude différente selon l'âge*

Jusque vers l'âge de douze ou quinze mois, le bébé mord sans malice. Incapable de se mettre à la place de l'autre, il ignore qu'il fait mal. Il mord parce qu'il porte tout à la bouche et que c'est bien agréable de planter ses petites dents toutes neuves dans des matériaux différents, le bras de maman y compris ! La réaction de l'adulte est importante. Même si le bébé ne comprend pas tout, même s'il ne fait pas encore très mal, il faut lui signifier que ce comportement est inacceptable. Chez les humains, on ne se mord pas les uns les autres. Inutile de crier ou de se fâcher : il suffit de poser le bébé par terre. Si sa maman lui retire son attention et ses câlins brièvement, le bébé comprend que ce qu'il a fait a déplu et préfère ne pas recommencer.

Le temps et les explications passant, l'enfant intégre rapidement que cela fait mal et que c'est interdit. Mais certains d'entre eux continuent, de manière impulsive.

• *Comment réagir ?*

Si l'enfant mord rarement, dans le feu du jeu ou de la colère, porté par son excitation, une réaction nette en forme d'avertissement est suffisante. La voix doit marquer la désapprobation et le ton dire clairement : « Cela, non, je ne suis pas d'accord, c'est sérieux. »

Si l'enfant mord plus fréquemment, il serait bon de se poser la question du pourquoi. C'est souvent en l'observant quand il joue avec d'autres qu'on trouvera la réponse. Il se peut qu'il réagisse à la provocation, à la frustration ou à l'isolement, qu'il morde par colère ou par dépit.

Chaque morsure doit faire l'objet d'une intervention immédiate et claire. L'enfant « mordeur » est sorti du jeu ou de la pièce et puni par une mise à l'écart de quelques minutes. « Si tu mords les copains, tu ne peux plus jouer avec eux. Alors tu vas être isolé et jouer dans ton coin un moment. »

L'attention est donnée, de manière manifeste, à l'enfant mordu : câlin, consolation, morsure immergée dans l'eau froide, etc. Il est très important que le maximum de l'attention soit attribué à l'enfant victime de la morsure et non à celui qui a mordu, même s'il s'agit de lui « faire la leçon ». À vingt mois, il sait très bien qu'il fait mal : inutile de s'étendre. Ce temps passé à lui expliquer serait une manière de renforcer son comportement. Mieux vaut lui dire seulement non : « Non, c'est interdit de mordre. Si tu mords, tu vas dans ta chambre (ou tu vas t'asseoir là-bas tout seul) cinq minutes. »

• *Faut-il le mordre en retour ?*

Certains parents trouvent la technique précédente insuffisamment rapide. Ils préfèrent attraper le bras de l'enfant et le mordre en retour (y compris si ce n'est pas eux mais un autre enfant qui a été mordu). Je vous le déconseille vivement.

– Si la technique « Œil pour œil, dent pour dent » était à la mode il y a deux mille ans, j'ose penser que nous avons fait quelques progrès depuis, notamment en matière de pédagogie.

– Rien de plus traumatisant pour un petit enfant, à peine sorti de sa phase orale, que de se faire mordre, c'est-à-dire « manger » par une grande personne, surtout s'il s'agit de son père ou de sa mère censés le protéger.

– Cela s'appuie sur un raisonnement bien trop compliqué et sophistiqué pour un enfant de cet âge : « Je te fais cela pour t'apprendre à ne pas le faire. » Incompréhensible !

– Un petit enfant s'éduque par l'exemple. Si ses parents, qui sont l'exemple suprême, le mordent, cela signifie qu'il peut le faire aussi. Qu'importe les mots qui disent le contraire. À cet âge, les actes sont beaucoup plus puissants que les mots.

Certains parents m'objectent : « Mais cela a marché, depuis il ne mord plus ! » Évidemment, il est terrorisé ! Si c'est efficace, c'est juste que l'idée de se faire manger par ses parents est tout à fait inquiétante ! Mais c'est tout sauf une méthode d'éducation à la responsabilité et au contrôle de soi.

Les gros mots

Depuis qu'Arnaud va à l'école maternelle, c'est devenu infernal. Son langage est émaillé de grossièretés. Certaines fois ce sont juste des « caca prout ! » qui le font beaucoup rire et moi nettement moins. D'autres fois, ce sont des gros mots dont il ignore généralement le sens, mais dont il guette l'effet sur moi. C'est vrai que je suis choquée de voir ces mots dans cette si jolie petite bouche (et inquiète pour la suite !). Comment dois-je réagir ?

Les gros mots des tout-petits ne sont généralement pas un problème. Ils les « pêchent » dans la cour de récréation et les ramènent, tout fiers, à la maison, comme un pêcheur un beau brochet. Sauf qu'ils ne sont pas très sûrs qu'ils avaient le droit de pêcher… Quand les petits disent des grossièretés, ils ne font généralement que répéter en écho ce qu'ils ont entendu, selon la méthode du perroquet. C'est d'ailleurs de cette manière qu'ils ont appris tous les mots qu'ils connaissent, par imitation.

Les mots de l'univers « pipi caca » disparaîtront d'eux-mêmes. Ils sont fascinants pour les petits de cet âge qui ont, en les prononçant, l'impression de transgresser un tabou à leur mesure. Ces mots et les blagues qui vont avec les font énormément rire. Pourquoi pas ? Ce n'est pas bien méchant. Si vous banalisez et ne montrez pas trop d'intérêt, votre enfant saura se limiter. Une autre manière de faire est d'en rajouter et de rire avec lui : il n'en reviendra pas ! Vers l'âge de cinq ans, l'enfant passera à autre chose.

• *Attention à la réaction !*

Les gros mots ramenés de l'école n'ont pas de sens pour l'enfant, mais ils ont un effet. Plus ils font réagir les parents et plus ils sont précieux. Une conversation d'adultes à laquelle il ne comprend rien et dont il se sent exclu ? Un grand « merde alors ! » devrait suffire à l'interrompre et à tourner les regards vers lui.

Plus la réaction est forte, plus les mots prennent de l'importance et plus ils seront répétés aux moments stratégiques. Le mot devient une arme dont l'enfant saura se servir quand il en aura besoin, lors d'une prochaine séance de « tests », par exemple. Un conflit autour des gros mots ne peut aboutir qu'à leur donner de l'importance. Les parents qui réagissent renforcent sans le vouloir le comportement qu'ils veulent faire disparaître.

• *Que faire alors ?*

Une surdité occasionnelle donne généralement de bons résultats, puisque, rappelez-vous, les comportements non renforcés sont abandonnés. Vous pouvez aussi, d'une voix très calme, dire une chose comme : « Je ne veux pas t'entendre prononcer des mots comme cela. Chez nous, on ne les emploie pas. » La prochaine fois que le mot sera énoncé, un simple « tss tss... » désapprobateur suffira le plus souvent. Progressivement, l'enfant apprendra qu'il y a une façon de s'exprimer à l'école, avec les copains, et une autre à la maison, et que ce ne sont pas les mêmes. Découverte très importante et fort utile à l'adolescence...

Certains parents émaillent eux-mêmes leur langage de grossièretés et de jurons. Difficile dans ce cas de les interdire à l'enfant, qui aura vite fait de répondre à ses parents qu'ils sont en contradiction avec eux-mêmes, interdisant ce qu'ils s'autorisent. C'est pourquoi les parents auraient intérêt à surveiller leur langage lorsqu'ils sont énervés : tous les gros mots des enfants ne viennent pas de l'école...

L'ENFANT DE CINQ À DOUZE ANS

À cet âge, l'enfant donne progressivement de plus en plus d'importance à sa vie sociale. Trois choses comptent dans sa vie : la famille, les copains et l'école. Plus stable, plus autonome, il pose souvent moins de difficultés que dans ses premières années. C'est une période d'équilibre. Il a appris à contrôler ses pulsions, il fait moins de colères, il sait partager et devient capable de se mettre à la place de l'autre, ce qui en fait un compagnon agréable. L'âge de raison, vers sept ou huit ans, marque une vraie différence. L'enfant quitte le monde de la magie pour devenir capable de raisonnement et de réflexion. Commence le temps des discussions et des négociations. L'école est son monde dont il parle généralement peu.

Ses capacités d'apprentissage sont énormes pourvu qu'il soit intéressé et enthousiaste. Pour progresser, il doit sentir qu'on lui fait confiance. Pour réussir, il a besoin de savoir qu'il est capable de réaliser ce qu'on lui demande. D'où l'importance de bien le connaître et de ne jamais attendre de lui plus qu'il ne peut donner à son âge et selon son niveau de maturité. Sinon, il se sent mis en état d'insécurité, d'incertitude : s'il n'y arrive pas, c'est parce qu'il n'est « pas assez… » (intelligent, travailleur, bon à l'école, etc.). Il perd confiance en lui. Les copains et les copines prennent une importance nouvelle. On « cause Untel », on ne « cause plus Machin ». Les relations se forment et se déforment au gré des enthousiasmes. Des amitiés durables se nouent.

De quoi ont besoin ces enfants afin de bien grandir ? La connaissance de certains points facilite l'exercice de l'autorité. Le plus important : les enfants ont besoin de respect pour ce qu'ils sont, d'encouragement pour ce qu'ils tentent, d'enthousiasme pour ce qu'ils font. Ils sont sensibles au fait que leurs parents aillent bien, qu'ils soient gais et disponibles pour des activités communes.

La discipline à cet âge-là

« Maman, tu m'embêtes à toujours vouloir que je mette mes chaussons… Remarque, si tu ne me le demandais plus, j'aurais l'impression que tu ne me vois plus ou que tu t'en fous », dit très justement Maud, dix ans. Les enfants sont heureux de sentir que leurs parents sont assez concernés par eux pour ne pas les laisser faire n'importe quoi. Ils sont rassurés par des parents qui savent qu'il faut se brosser les dents avant de partir à l'école ou à quelle heure il faut aller au lit. Aucun enfant ne peut se passer d'une certaine discipline, car elle seule permet de grandir et de se situer par rapport à des règles claires. Voici les cinq points clés.

1. Poser des règles claires et cohérentes

Pour que les règles que vous imposez à votre enfant soient respectées, elles doivent répondre à quelques critères. Être simples (« À 8 heures, au lit »). Être clairement exprimées, si possible sous la forme d'une loi valable pour tous (« On ne démarre pas tant que les ceintures ne sont pas bouclées », « Quand on rentre, on se déchausse »). Être cohérentes : ce qui est valable lundi doit l'être aussi mardi (les exceptions ne sont pas gérables par les petits tant que la loi n'est pas intégrée). Être peu nombreuses : impossible de se battre sur tous les tableaux, donc mieux vaut se concentrer sur l'essentiel. Enfin, les règles doivent avoir du sens. L'enfant sent que vous avez une bonne raison d'exiger telle attitude et que c'est pour son bien, pas seulement pour votre confort. Attention : expliquer n'est pas se justifier.

2. S'appuyer sur une routine bien établie

Les habitudes sont difficiles à changer. Raison de plus pour en installer rapidement de bonnes (et se méfier des mauvaises). Une fois en place, elles n'ont plus qu'à être « recadrées » par intermittence et à évoluer avec l'âge de l'enfant. Les jeunes enfants sont sécurisés et apaisés par la routine que forme l'enchaînement des habitudes. Ils aiment savoir l'organisation de la journée à venir, mais aussi les comportements que leurs parents sont prêts à tolérer ou non. Tout cela forme un ensemble de repères qui leur permet de se situer dans leur existence.

3. Garder son calme et éviter d'entrer dans les conflits

Ce n'est pas parce que votre enfant crie que vous devez crier plus fort que lui pour vous faire entendre. La discipline, ce n'est pas hurler pour se faire obéir. Un enfant finit par se boucher les oreilles pour ne plus écouter une maman « qui crie tout le temps ». Rappelez-vous qu'il faut être deux pour se bagarrer, et que la bagarre avec un enfant n'est jamais productive ni utile, même si vous avez le dernier mot. Il est bien plus efficace de s'entraîner à un bon contrôle de ses émotions afin de garder son calme. Sans compter l'énorme valeur de l'exemple…

4. Ne pas attendre de l'enfant plus qu'il ne peut donner

« Écoute, sois un peu raisonnable ! » lançait une jeune maman excédée à un petit bonhomme qui réclamait des bonbons à grands cris… trois ans avant l'âge de raison. « Mais enfin, pourquoi tu ne vas pas te brosser les dents gentiment avant d'aller te coucher, alors que tu sais très bien que cela va me mettre en colère ? » Demande d'introspection difficile à satisfaire lorsque l'on peine encore à s'exprimer… Il s'agit d'un malentendu fréquent : les parents attendent de leur enfant un comportement qu'il n'est pas encore capable de fournir. Par nature, un enfant est bruyant, désordonné, impulsif et égocentrique. Il faut de longues années avant qu'il se comporte « raisonnablement ».

5. Se montrer positif et encourageant

« Arrête de taper dans ce ballon », « Je t'ai dit d'aller te laver », « Enlève tes coudes de la table », « Arrête d'embêter ton frère », « Tu es encore devant la télé ? », « Tu sais que tu es pénible, à force ? » L'enfant qui, à longueur de temps, entend ces phrases finit par penser qu'il est décidément bien décevant pour ses parents. Il se décourage même de ne jamais s'améliorer. Pour modifier le comportement d'un enfant, rien n'est plus efficace que les effets positifs qui viennent récompenser ce qu'il a fait de bien. Une phrase de remerciement, un encouragement sincère, un moment passé ensemble à faire une chose qu'il aime sont des raisons puissantes de recommencer. Tout enfant aimerait bien être gentil et obéissant, mais les parents sont des gens si difficiles à satisfaire !

Pour que la discipline soit acceptée par l'enfant, il faut d'abord que ce dernier se sente aimé de manière inconditionnelle. S'il se sent respecté dans ses goûts et ses désirs, s'il est convaincu qu'il compte pour ses parents davantage que ses bêtises, il acceptera de bien meilleure grâce les inévitables frustrations propres à toute éducation.

Il ne range pas sa chambre

La chambre de Loïs, six ans, est dans un fouillis perpétuel, ce qui suscite des conflits répétitifs entre nous. Je pose des règles qui ne sont pas suivies. Quand je range moi-même, Loïs me dit qu'il ne retrouve plus rien. Je comprends bien qu'il aime avoir ses affaires à portée de main, mais enfin avec tant de choses sur le sol, le ménage n'est plus possible. Même lui est incapable de retrouver ses affaires. Je crains déjà l'adolescence… Comment faire pour mettre en place de bonnes habitudes ?

L'enjeu est d'importance. Rentrer le soir et trouver le couloir encombré avec les rollers, piétiner les petites voitures, buter contre les camions, puis accéder à une chambre d'enfants jonchée de crayons cassés, de livres ouverts, de morceaux de puzzle et de chaussettes sales, il y a de quoi s'irriter…

Apprendre à l'enfant à tenir sa chambre en ordre et ranger ses jouets est l'une des étapes, difficile mais obligée, de l'éducation. Tous les parents savent qu'à l'adolescence ils devront composer avec le fouillis de la chambre de leurs enfants. Mais les dégâts seront moindres si les bonnes habitudes ont été prises. En fait, c'est très jeune, dès deux ou trois ans, que les comportements de rangement peuvent être enseignés. Progressivement, ils accompagnent l'apprentissage de l'autonomie.

• *Pourquoi est-ce si difficile ?*

Aux yeux des parents, une pièce en ordre est plus agréable à la vue et plus pratique pour trouver ce que l'on cherche : l'intérêt du rangement est évident. Si l'enfant ne range pas, c'est donc par flemme et excès de facilité. Erreur. L'enfant non seulement n'est pas gêné par son désordre, mais aime sa chambre ainsi. L'ordre est anonyme ; le désordre est personnel. Là où vous ne voyez que fouillis, l'enfant voit un petit coin bien à lui, marqué du souvenir de ses jeux. Assis sur le tapis, il est entouré des petits objets qu'il préfère et qui le rassurent. Un jeu commencé qui sera repris un jour, un vieux dessin qui attend d'être peint, une poupée qui a perdu un œil mais tant aimée… C'est son cocon, il y est bien. Cela compris et respecté, il y a aussi des avantages à apprendre à l'enfant à ranger. Les livres remis sur l'étagère ont moins de risque de finir déchirés. Les jouets rangés dans la boîte perdront moins vite les quelques pièces indispensables à leur utilisation. Dans un puzzle fait et rangé, on voit tout de suite s'il manque une pièce.

Apprendre à ranger n'est pas bon que pour les jouets : pour l'enfant aussi. Ces bonnes habitudes vont de pair avec les attentes de l'école. Ranger, c'est être capable de repérer, trier, classer, différer son désir, se confronter au principe de réalité (« Je ne fais pas que ce que je veux, mais aussi ce que je dois »). Toutes choses liées à un bon développement psychologique.

• *Les principes de base*

– Comme tout acte que l'enfant rechigne à faire, ranger devient plus facile si c'est intégré à une routine quotidienne ou hebdomadaire.

– Quelques règles simples, cohérentes et régulièrement répétées sont un appui précieux. Par exemple : « On range un jeu avant d'en sortir un autre », « On ne se couche pas sans avoir débarrassé le tapis », « Les livres doivent être remis sur l'étagère », « Les habits sales vont au linge sale », « Rangement et ménage à fond tous les dimanches soir », etc.

– Les attentes en matière de rangement doivent être raisonnables et adaptées à l'âge de l'enfant. Il est utile de remettre les choses en perspective ; un enfant vit dans l'instant : il se passionne pour un jeu, est pris par une idée, file sur autre chose, est appelé pour passer à table… Le fouillis engendré est la preuve que l'enfant est plein de vie, joueur et en bonne santé. Sa chambre ne restera jamais impeccable, et c'est bon signe.

• *Pour mettre en place les bonnes habitudes*

Voici quelques conseils qui faciliteront l'apprentissage du rangement :

– l'enfant a besoin d'être entraîné et guidé : l'accompagner est indispensable dans les premiers temps. Vous jouez avec lui ? Prenez un temps pour ranger ensemble le jeu lorsqu'il est terminé. Vous rangez la chambre ensemble ? Répartissez-vous le travail. « Tu mets les livres en pile, moi je les pose sur l'étagère » ; « Tu ramasses tous les morceaux du chalet pour qu'on puisse le refaire. » Ainsi, le temps de rangement devient une activité partagée avec le parent, un moment sympathique d'échange ;

– facilitez le rangement. Cela passe le plus souvent par l'achat de quelques boîtes empilables et quelques bacs en plastique de couleurs différentes. Dans le bleu, les voitures, dans le rouge, les briques encastrables, dans le jaune les crayons de couleur et les feutres, etc.

– il a envie de sortir jouer au ballon dans le jardin ? Pas de problème : « Dès que tu auras rangé toutes les petites voitures et ramassé les crayons, tu sortiras jouer. »

Lorsque Loïs sera plus grand, une fois que les bonnes habitudes seront prises, la négociation deviendra possible : vous pouvez lui laisser le choix du jour de ménage et la manière de faire. Sachant que vous devrez encore vous y « coller » avec lui les jours de grand rangement (à la fin de chaque trimestre, par exemple). Si vous donnez l'exemple d'une maison bien rangée, mais sans ordre excessif, si vous prenez ces tâches avec légèreté et bonne humeur, votre enfant vous imitera.

Il discute tout le temps

Je suis épuisée par les discussions permanentes dans lesquelles m'entraîne Louis. Pour lui, tout se discute. Non n'est jamais une réponse à laquelle il s'arrête. Il ne renonce que lorsque je me suis vraiment fâchée. Tous les arguments sont bons. C'est vrai que, parfois, il m'a à l'usure…

En vacances, Lisa, onze ans, a le droit de traîner un peu dehors avec ses copains. Nous lui avons dit clairement : 19 heures maxi à la maison. Chaque jour, au moment de sortir, Lisa revient sur cette limite : « Pour une fois ! Mais qu'est-ce que ça peut te faire ? Les autres ne rentrent qu'à 8 heures. » Tous les soirs, quand elle rentre, Lisa a grignoté quelques minutes, et la discussion repart. Faut-il se fâcher, l'empêcher de sortir ?

L'été est là. Matthéo a besoin de nouvelles chaussures. Le problème, c'est que Matthéo, du haut de ses sept ans, a des idées arrêtées sur ce qu'il convient de porter. Ce n'est jamais exactement ça. « Oui, mais… » est sa phrase fétiche. Douze magasins et cinq catalogues plus tard, Matthéo se décide enfin pour des sandales. Une fois en vacances, elles ont perdu leur charme : trop petites, trop pointues, moches. Conflit chaque matin. Matthéo a réponse à tout, puis il va à la plage pieds nus.

Les exemples et les plaintes des parents abondent… Il semble bien que les enfants d'aujourd'hui aient une aisance verbale et un goût du discours que leurs aînés ne développaient qu'à l'adolescence. Les parents, qui ont compris qu'ils devaient parler avec leurs enfants, n'osent plus leur demander de se taire. Mais ils sentent bien qu'ils ne sont pas en position de force et ignorent comment s'en sortir.

• *Tout se discute, rien n'est imposé*

Depuis vingt ans, on a répété aux parents qu'il ne fallait plus exiger de leurs enfants, ni obtenir autoritairement qu'ils obéissent. Désormais, il fallait expliquer à l'enfant pour entraîner sa conviction en faisant appel à sa raison. Les enfants, très doués, ont rapidement compris le bénéfice qu'ils pouvaient tirer de la méthode. Ils ont vite appris à prendre l'avantage dans ces négociations : ils sont patients et ils ont tout à y gagner. Si bien que les parents se trouvent fréquemment débordés, quand ce n'est pas excédés, par les capacités de discussion de leurs enfants. Ces derniers sont mis en position de décider, à égalité avec leurs parents.

Forcément, cette démocratie familiale a des ratés. Elle épuise les parents, tenus de justifier chacune de leurs décisions. Ils ont l'impression que, chaque fois qu'ils posent une limite, l'enfant résiste, les entraînant dans des discussions sans fin. Ceux qui se sont montrés précocement prêts à négocier se retrouvent vite avec un petit juriste à la maison, qui a réponse à tout. Le moindre compromis fait jurisprudence.

• *Avec les plus jeunes, mieux vaut éviter l'escalade*

Certains enfants, dès l'âge de cinq ou six ans, discutent chaque demande parentale. Ils réclament dix fois les bonbons ou le dessin animé qu'on leur a pourtant refusés. Ces enfants savent, par expérience, que l'insistance paie. Ils ont l'habitude d'avoir les adultes « à l'usure ». Pour éviter que ce comportement ne persiste, voire ne s'aggrave avec l'âge, mieux vaut y mettre un terme rapidement.

– Communiquez clairement et fermement sur ce qui est demandé ou autorisé.

– Une fois la règle ou l'exigence posée, restez sourd aux complaintes.

– Gardez une voix convaincue et calme. Évitez l'irritation et l'escalade.

– Si l'enfant insiste, appliquez la technique du « disque rayé ». Du temps des microsillons, un disque rayé répétait la même phrase, encore et encore, sans jamais s'énerver, jusqu'à épuisement de l'auditeur. « Pas de biscuit avant le dîner. – Mais… – Pas de biscuit avant le dîner », etc. Quels que soient l'argument et l'émotion présentés par l'enfant, vous ne répondez que par l'énonciation de la règle, calmement, avec conviction, sans discussion possible.

• *S'il considère que « non » n'est pas une réponse…*

… C'est probablement que vos « non » n'en sont pas. L'enfant a compris que tout se discute. Avec l'âge de raison, la négociation devient plus âpre et les arguments plus solides. Si votre enfant « sait » qu'il finira par avoir ce qu'il demande, il vous rejouera le même air, encore et encore, sur des modes variés : enjôleur, coléreux, plaintif, selon ce qui vous irrite ou vous émeut le plus.

La seule solution consiste à donner réellement du sens aux mots que l'on prononce et à en convaincre l'enfant. À la question : « Maman, je peux avoir une glace ? », la réponse : « Non, parce qu'on déjeune dans une demi-heure » est certainement plus efficace que : « Tu ne crois pas que cela va te couper l'appétit ? » « Il est 9 heures : au lit » fonctionne mieux que : « Ce ne serait pas l'heure d'aller se coucher ? » Et si ça proteste : « J'ai dit au lit, cela veut dire au lit. »

• *Les marges de la négociation*

Vous serez d'autant plus à l'aise pour vous en tenir à ce que vous avez défini que cela sera clair pour vous. Dans la variété des décisions concernant votre enfant, il est bon que vous sachiez par avance :

– ce qui n'est pas négociable. Cela inclut les interdits de sécurité (ne pas jouer avec les allumettes ou se servir seul du mixer) et les points qui vous tiennent à cœur (par exemple l'heure du coucher ou les leçons apprises avant de jouer) ;

– ce qui se prête à un compromis après négociation. Dans ce cas, l'échange où chacun met du sien permet d'aboutir à un accord. « Je suis d'accord pour que tu ailles jouer chez Thomas, à condition que tu aies rangé ta chambre. » « OK pour cette émission de télé, mais tu me récites tes leçons d'abord » ;

– là où vous êtes prêt à lâcher. Vous ne pouvez pas être présent sur tous les fronts. Certaines demandes vont dans le sens d'une prise d'autonomie souhaitable : les autorisations doivent forcément évoluer avec l'âge, ce que les enfants se chargent de nous rappeler. Laisser aux enfants des choix concernant leur vie, c'est aussi les responsabiliser et leur faire confiance.

• *Les avantages de la négociation*

Attention à ne pas tout rejeter non plus ! Savoir discuter, avancer des arguments, les faire valoir, convaincre... Tout cela est important dans notre société et fait partie de l'éducation. Échanger et discuter son point de vue, c'est apprendre la démocratie. Autant le jeune enfant qui discute tout renvoie l'adulte à un déficit d'autorité, autant il convient de valoriser l'expression des désirs et des opinions. L'adulte qui sait écouter sans faire la leçon et qui défend ses convictions sans écraser l'enfant met en place les meilleures conditions pour la discussion familiale. Un point à peaufiner d'urgence avant l'adolescence !

• *Réfléchir avant de parler*

Maintenir une demande ou un refus sans se laisser fléchir par l'insistance de l'enfant, c'est d'autant plus facile que l'on n'a pas parlé trop vite, que l'on n'a pas dit non à une demande légitime, sans trop réfléchir, par lassitude. Limitez vos non à ceux qui ont du sens et de la cohérence, sinon ils seront difficiles à défendre. Face à une demande de l'enfant, mieux vaut prendre un temps pour réfléchir et s'assurer que la réponse qui surgit tout de suite est bien la bonne. Une fois décidée et énoncée clairement, et sauf élément nouveau, la réponse n'a plus à varier.

• *La mère des copains*

« Camille, elle, elle a le droit de regarder la télévision le soir. Sa mère, elle veut bien. » « Lucas, sa mère, elle lui a donné un téléphone portable. » La pression des copains est forte. Comment savoir, sans références, si l'on fait bien ? Comment ne pas s'interroger en comparant ce qui se fait ailleurs ? Pour les enfants, c'est souvent mieux chez les autres. Fiez-vous à votre réflexion et à votre bon sens. Puis positionnez-vous clairement : « Je ne suis pas la mère de Camille. Ici, les enfants de dix ans ne regardent pas la télévision en semaine. C'est comme ça. »

Courses : il quémande sans arrêt

Faire les courses avec Margot, huit ans, est une épreuve. Elle est au courant de tous les produits nouveaux, elle a un avis sur tout ce que j'achète. « Maman, prends des raviolis X, ils sont meilleurs, je l'ai vu à la télé », me dit-elle au supermarché. Au rayon suivant, c'est : « Achète les yaourts Y avec les petites perles qu'on mélange. » Mais les raviolis visés sont deux fois plus chers que ceux de la marque du magasin et les yaourts sophistiqués bien plus onéreux que les yaourts nature. Que faire ? La laisser à la maison ? J'y ai bien pensé, mais elle est trop jeune pour rester seule, alors, chaque semaine, je sors de l'épreuve excédée, mécontente de moi et d'elle…

Vous avez raison de vous poser la question. Votre position va avoir des conséquences sur l'avenir.

• *L'enfant consommateur*

Céder pour lui faire plaisir, parce qu'après tout ce n'est pas grand-chose, c'est mettre la main dans un engrenage redoutable : avec l'âge, les demandes de marques touchent des produits plus onéreux. Attention alors au porte-monnaie ! Mais refuser en prenant le risque d'une bouderie ou de hurlements en plein magasin, n'est-ce pas frustrer l'enfant d'un plaisir ? Faut-il faire toute une histoire pour une question de principe ? Bref, comment limiter les dégâts face à ces exigences, directement issues des spots télé ?

D'après le baromètre Secodip (panel de 2 000 enfants), 30 % des enfants de deux à huit ans choisissent leurs marques et les réclament avec véhémence. Ce chiffre est en constante augmentation (il était de 20 % en 1994). Les marques exigées par ces très jeunes consommateurs sont celles qui font le plus de publicité. Les mères ? D'après l'enquête, elles cèdent le plus souvent. Pour faire plaisir ou pour avoir la paix… Lorsque le prix du produit réclamé est en gros le même que celui du produit habituel, pourquoi pas ? Mais c'est rarement le cas. Plus un produit est nouveau, élaboré, et plus il est cher, car les coûts de mise au point, de lancement et de publicité sont énormes. À l'arrivée, sur les courses de la semaine, la ponction dans le porte-monnaie n'est pas la même…

• *Comment s'y prendre*

Voici quelques conseils pour résister sans pour autant frustrer vos enfants ou passer pour une mauvaise mère…

– Faites une liste de courses avant de partir, au calme, en fonction de vos besoins et des désirs de chacun, et tenez-vous y. Vous éviterez ainsi les achats d'impulsion qui sont les plus dangereux.

– Prévenez l'enfant en arrivant au magasin : « Aujourd'hui, on ne prend rien de plus » ou alors : « Tu choisis les biscuits du goûter et c'est tout. » Une façon de procéder qui satisfait tout le monde : dire une fois oui pour pouvoir dire non ensuite. À chaque fois que l'on fait les courses, l'enfant peut choisir un produit, tantôt un yaourt, tantôt un paquet de gâteaux, tantôt son parfum d'adoucissant textile, etc.

– Pour laisser à l'enfant le plaisir de décider, donnez-lui le choix entre deux produits qui vous conviennent également. « Choisis les flans. Tu préfères chocolat ou caramel ? »

– Une demande, un désir précis, cela ne se satisfait pas forcément, mais cela se discute. Plutôt que de dire non, engagez la conversation : « Oui, cela a l'air délicieux, je comprends que tu en aies envie… Tu crois que c'est quelle couleur dedans ? Tu te souviens de la publicité ? Pas aujourd'hui… mais la prochaine fois peut-être… » Et le rayon est passé.

– Le jeune enfant, dans son chariot, réclame moins s'il est occupé et responsabilisé. Donnez-lui la tâche de ranger les objets correctement. Confiez-lui un petit crayon pour « lire » les codes barres. Les plus grands peuvent rayer la liste des courses au fur et à mesure des achats, peser les fruits ou additionner les prix sur une machine à calculer.

– Dès qu'il en est capable, apprenez à votre enfant à lire les étiquettes : « Tu vois, ces yaourts-là sont deux fois plus chers. Tu en préfères un pack comme celui-ci ou deux packs comme celui-là ? » Montrez aux plus grands comment comparer les prix au litre ou au kilo.

– À l'occasion, faites des tests comparatifs : les céréales habituelles contre les mêmes, de la marque réclamée et plus chère. Les yeux fermés, lesquelles sont les meilleures ?

Finalement, bien plus que d'accéder ou non aux exigences de nos enfants, l'enjeu est de les éduquer pour en faire les consommateurs de demain.

• *L'influence des publicités*

La plupart des demandes des jeunes enfants pour des produits précis sont déclenchées par la pub télé. Limiter ces demandes passe donc par une information sur la publicité.

Même à un enfant jeune, on peut expliquer que la publicité n'est pas un petit film comme les autres. Elle est destinée à informer sur les nouveaux produits et à influencer les comportements d'achat. Elle présente les produits de manière très séduisante et elle en dit toujours du bien parce que son but est de les faire acheter. Contrairement aux informations ou à d'autres programmes, les spots sont payés (très cher) par les fabricants, qui se rattrapent sur le prix de vente des produits, etc.

L'insolence

Je ne pensais pas que l'adolescence commencerait si tôt… Depuis que Romane est entrée au collège, son attitude envers moi a changé. Elle est devenue insolente, elle me répond. Je ne reconnais plus ma petite fille. Sa façon de me parler me peine et me met hors de moi, même si je sais bien qu'il s'agit là d'une prise d'indépendance. En même temps, c'est inacceptable. Quelle attitude adopter ?

C'est souvent lors de la préadolescence, vers dix ou douze ans, que l'enfant change brusquement de comportement. La fille jusque-là plutôt gentille ou le fils généralement agréable deviennent capricieux, exigeants et provocateurs. Ils « répondent » sans cesse. Si on s'oppose à eux ou qu'on ne satisfait pas leurs demandes, ils deviennent franchement insolents, voire insultants. La critique ouverte ne leur fait pas peur, les gros mots non plus. Les parents, qui savent bien que cet âge est critique, s'attendent à quelques changements. Mais là, ils trouvent que leurs « presque ados » exagèrent franchement, tant dans leurs paroles que dans leurs comportements.

• *Comment comprendre cette attitude ?*

Elle est souvent la première que trouve l'enfant pour affirmer son identité. Elle rappelle celle de l'enfant de deux ans qui disait non à tout et faisait une colère quand on le contrariait. Refuser était sa façon de signifier sa différence. Dix ans après, c'est encore par ce type de provocation agressive que l'enfant manifeste son désir de prendre son autonomie affective. Critiquer sa mère, c'est lui exprimer qu'on peut se passer d'elle (ce qui est évidemment très prématuré). L'adolescence est toute proche. Déjà, le jeune pressent qu'il va devoir se détacher. Mais il est si maladroit et si peu au fait de ce qu'il ressent vraiment qu'il va user de la provocation comme d'un langage. Son insolence a deux rôles essentiels :

– elle permet à celui qui l'utilise de se démarquer de l'éducation qu'on lui a transmise. Par l'utilisation de la violence verbale, il prend le contre-pied de ce qu'on lui a enseigné. Les gros mots qui étaient interdits à l'enfant sortent librement. C'est une manière de faire comprendre : « Maintenant, je parle comme je veux, ce n'est plus toi qui décide pour moi, chacun sa façon de s'exprimer » ;

– elle met brusquement une distance entre les parents et l'adolescent. Or la gestion de la distance affective est la grande affaire de ces années-là. Les attitudes des enfants sont contradictoires. Ils recherchent leur indépendance tout en ayant un grand besoin de sécurité. C'est ainsi que les adolescents les plus insolents sont souvent les plus dépendants. C'est dans l'opposition à l'adulte qu'ils cherchent à trouver leur propre place. Une relation proche et tendre, avec la mère notamment, peut par moments être vécue comme un obstacle au travail d'indépendance que le jeune se doit de faire. L'insolence, c'est à la fois un rempart contre les sentiments complexes qui l'assaillent et une façon de développer le sentiment de sa propre identité.

• *Comment réagir ?*

– La plupart du temps, ce que l'enfant voudrait exprimer est différent de ce qu'il dit. Mais il a du mal à savoir ce qu'il désire vraiment et il ne trouve pas, en face de l'adulte, les mots et les arguments pour défendre son point de vue. L'insolence lui vient plus facilement. Aux parents d'entendre, même si c'est difficile, qu'il a grandi, qu'il n'est pas d'accord avec l'éducation qu'il reçoit, qu'il veut davantage de liberté et de responsabilité, etc. Donner la parole à son enfant, écouter ce qu'il a à dire, dialoguer avec un esprit ouvert sont des attitudes qui peuvent prévenir les dérives de l'insolence.

– Les parents comprennent rapidement que l'insolence est une façon de montrer que l'on est en train de changer. De là, ils peuvent trouver la force de dédramatiser ce qui n'a généralement qu'un temps. Sur le moment, l'humour est souvent une bonne façon de réagir, surtout si l'on parvient à rire ensemble. Une autre stratégie possible consiste à faire semblant de ne pas entendre. Couper court à la conversation et sortir de la pièce vaut toujours mieux qu'adopter une attitude autoritariste.

– Les parents ont le droit de refuser de se laisser maltraiter et de redire la règle. Il est toujours utile, à froid, lorsque la crise est passée, de reprendre les faits et d'exprimer son désaccord. Le père peut dire : « Je te demande de ne pas parler à ta mère de cette façon. C'est un manque de respect que je trouve inacceptable. »

– Être parents, c'est donner l'exemple : attention, donc, à la manière dont la parole circule dans la famille. Les pré-ados ont tendance à copier le mode d'expression des adultes, croyant ainsi paraître plus grands.

– Tout parent d'adolescent sait bien qu'il doit se montrer disponible, vigilant. Mais également, et c'est très difficile, capable de subir critiques, reproches et remises en question parfois agressives de la part de son enfant, sans pour autant déprimer ou agresser en retour. C'est tout un apprentissage !

– Ce qui aide le plus, c'est d'en parler. Quand on peut échanger avec des copines ou d'autres mères d'enfants du même âge, on se sent moins seule. Tous les ados traversent ce genre de crise : le constater et en rire ensemble soulage et permet de prendre de la distance.

La pratique d'une activité

En début d'année dernière, Jennifer a voulu faire de la guitare. Elle semblait très motivée. Nous avons donc investi dans un instrument et des cours au conservatoire. Jennifer y allait avec plaisir et progressait bien. Au milieu de cette année, elle veut arrêter. Sa grande amie fait de la gymnastique et cela lui a donné envie. Chaque fois que j'insiste auprès de ma fille pour qu'elle apprenne son solfège ou pratique son instrument, elle pousse de profonds soupirs et prend un air de martyr. Faut-il lâcher ou insister ? Affronter les conflits ou suivre son désir ? Sans effort, elle ne parviendra jamais à rien mais la forcer est impossible. Que faire ?

Le problème que vous rencontrez est un grand classique ! S'entraîner pour progresser, au judo comme au piano ou aux claquettes, demande des efforts suivis et peut se révéler frustrant. Enthousiaste au mois de septembre, l'enfant lâche prise quelque temps plus tard. Les moments de pratique virent au conflit. Quant aux parents, ils ne savent plus s'ils doivent insister ou lâcher prise.

• *Un, on discute : il s'agit de comprendre*

– Excès de fatigue ?

Chaque activité demande du temps qu'il faut caser en plus de l'école et des devoirs. À la tension scolaire s'ajoute celle des compétitions et des auditions. La fatigue de l'hiver aidant, le stress et la lassitude vont venir remplacer la joie de pratiquer. C'est alors que l'enfant veut arrêter.

– Problème avec l'enseignant ?

Le choix de l'enseignant est déterminant : si l'enfant l'aime, le trouve chaleureux et enthousiaste, il aura plus facilement tendance à s'engager durablement que s'il est face à un enseignant avec qui « ça ne passe pas ». Il y a toujours moyen d'assister à un cours pour sentir l'ambiance et discuter avec l'enseignant pour tenter de résoudre le problème.

– C'est la matière qui lui déplaît ?

Elle veut passer de la guitare à la clarinette. Finalement, il préfère le tennis de table au volley. Pourquoi pas si l'enfant connaît bien ce qu'il quitte (pas de regrets ultérieurs) et ce vers quoi il va ? Souvent quelques cours à l'essai avant de s'engager permettent d'éviter ce problème en cours d'année.

• *Deux, on encourage et on temporise*

S'il s'agit de fatigue, on peut, pendant un mois, ralentir ou suspendre l'activité. L'enfant a besoin d'un temps quotidien pour se détendre, rêver, s'ennuyer, bricoler... Si l'équilibre n'est pas respecté entre le temps « organisé », d'apprentissage, et le temps libre, l'enfant aura du mal à tenir le rythme.

N'oubliez pas non plus que l'enfant doit se sentir soutenu. Il prend des cours de danse ou de guitare ? Soyez bon public et admirez ses progrès. Il a un match de handball contre le club voisin ? Allez l'encourager avec enthousiasme.

• *Trois, on fait un effort*

Une fois engagé, on n'abandonne pas sur un coup de tête, à la première difficulté. Le rôle des parents est de soutenir et de rappeler l'engagement. Mais un engagement d'un an a évidemment plus de sens à douze ans qu'à cinq ans. L'insistance doit être modulée selon l'âge de l'enfant.

Aux parents aussi d'aider l'enfant à avoir de la suite dans les idées, à tenir un projet. Ce fameux sens de l'effort qui semble faire tant défaut à certains adolescents, c'est dans l'enfance qu'il faut l'entraîner. Dans une société qui met en avant la réussite facile et rapide, il est difficile de faire admettre aux enfants qu'on ne devient pas ceinture noire en trois stages ou pianiste en deux saisons. Certains apprentissages demandent beaucoup de constance et un entraînement régulier. Il faut des années pour arriver à quelque chose : il est bien normal que les enfants aient des passages à vide. Certains ont choisi sans vraiment savoir dans quoi ils s'engageaient ou bien ils ont changé en grandissant. D'autres ont juste besoin que les parents prennent quelque temps le relais d'une motivation défaillante. Encore l'une des tâches ingrates des parents…

On peut passer un contrat avec l'enfant : il s'engage à pratiquer régulièrement, avec un minimum de bonne volonté, un nombre d'heures convenues ensemble ; vous vous engagez de votre côté à faire le point au bout de trois mois. Certains parents trouvent naturel dans ce cas de promettre une récompense si l'enfant va au bout de son effort. À vous de voir. Il me semble que ces activités de loisirs doivent procurer par elles-mêmes leur propre récompense.

• *Quatre, on prend une décision*

Il y a une dernière question fondamentale que les parents doivent toujours se poser avant de décider si l'enfant doit ou non arrêter son activité artistique ou sportive : avec ses cours de piano ou de foot, mon enfant poursuit-il son rêve ou le mien ? Beaucoup d'enfants suivent des cours pour faire plaisir à leurs parents, parce qu'eux-mêmes l'ont fait ou au contraire en ont été privés. Cela fait partie du rêve qu'ils ont pour leur enfant. Mais l'enfant réel est toujours différent de celui dont on rêvait. Il a d'autres désirs, d'autres goûts, qui sont à respecter, au prix parfois d'une vraie déception pour les parents. Tout cela évalué, pris en compte, on décide. Apprendre ne se fait pas au prix de larmes et de conflits permanents. Chacun a droit à l'erreur et à l'épuisement. Tout est question d'appréciation. Si le loisir n'apporte plus de plaisir, a-t-il encore sa raison d'être ?

L'ADOLESCENT

Période difficile, conflictuelle, mais aussi passionnante, l'adolescence est d'abord un bouleversement. L'enfant doit faire le deuil de son enfance, de son corps d'enfant, puis se réapproprier une nouvelle identité. Cette découverte de soi, pour l'essentiel, ne passe pas par les parents qui vont souvent se trouver relégués dans un « deuxième cercle ». Elle s'exprime à travers deux besoins grâce auxquels les ados marquent leur différence et organisent leur appartenance :

– le besoin de se distinguer par toutes sortes de conduites et comportements difficiles à suivre pour les adultes (maquillage outrancier, manque d'hygiène, radicalisation de la coiffure et de l'habillement, marquage corporel, conduites d'opposition et de revendication) ;

– le besoin de faire corps avec ses pairs afin de se protéger d'une trop grande exposition personnelle. C'est là qu'auront lieu les premiers vrais investissements hors famille : regroupements entre semblables des deux sexes, essais amoureux multiples et progressifs, passions et engouements divers.

La difficulté d'être parent d'adolescent

Platon se plaignait déjà de l'irrespect des jeunes à l'égard de leurs pères. Mais on a pourtant l'impression que le désarroi parental n'a jamais été aussi grand.

Les parents d'ados se sentent en même temps débordés par l'insolence, voire la violence, de leurs enfants, et isolés par la vie quotidienne avec ce jeune et sa scolarité. Les parents témoignent à la fois d'un refus du conflit et d'une conflictualisation à outrance de toute difficulté : les problèmes sont plus fréquents et plus dramatisés. Les parents doivent inventer de nouvelles formes de liens avec leurs enfants permettant de se séparer sans pour autant se perdre ou rompre totalement.

Le dialogue n'est pas ce qu'il y a de plus facile avec les adolescents. Les parents ont lu partout qu'il fallait dialoguer, qu'ils allaient avoir avec leurs ados de grandes conversations passionnantes, mais ce n'est pas si simple. L'adolescence est l'âge des paradoxes. Les ados veulent tout à la fois que l'on s'intéresse à eux et qu'on leur fiche la paix. On dirait que plus ils ont besoin d'être proches et en contact avec leurs parents, plus ils vont faire mine de s'en éloigner et de s'en tenir à distance, plus ils vont s'opposer. C'est dans cette attitude paradoxale que résident le prix et la condition de l'autonomie affective des adolescents. C'est compliqué car ils voudraient être compris sans avoir à s'expliquer, et en même temps, pour eux, être compris est le plus grand danger, la plus grande effraction possible qu'on puisse leur faire. C'est pour cela qu'ils nous renvoient toujours des phrases comme : « De toute façon, tu ne comprends rien ! » ou des : « Mais tu ne peux pas comprendre ! » Non, on ne peut pas comprendre, et c'est pour cela que j'ai voulu me positionner en leur disant : « Je ne vous comprends pas. D'ailleurs, qui comprend qui ? J'ai été adolescente et, aujourd'hui, je suis votre mère. C'est vraiment en adulte que j'ai envie de vous parler, certainement pas en copine. » Nous ne devons jamais oublier que, même s'ils se montrent fermés et réticents, les adolescents ont besoin de discuter avec des adultes et de se confronter à eux.

Enfin, il est essentiel pour les adolescents de se sentir aimés, même et surtout quand ils ne sont pas aimables, ce qui arrive souvent. Il ne faut pas leur claquer la porte au nez. C'est de leur âge de claquer la porte au nez. Nous, on doit les aimer. Il n'y a que comme cela qu'ils deviendront adultes.

Un dernier point : tous les sondages le confirment, environ trois adolescents sur quatre affirment qu'ils seront plus sévères avec leurs enfants que leurs parents ne l'ont été avec eux…

L'autorité à l'adolescence

L'adolescence a beaucoup de points communs avec la période dix-huit mois-trois ans où l'enfant commence à s'opposer. À cette phase-là, les parents savent qu'ils doivent poser des limites claires aux tout-petits ; eh bien ils doivent recommencer. Il est extrêmement important pour les ados que les parents adoptent une attitude ferme et constante.

Les ados se préparent à une plus grande indépendance vis-à-vis de leur famille, grâce aux personnes qu'ils rencontrent à l'extérieur. Ils doivent affirmer leur identité personnelle, séparée, et prendre confiance en elle. La façon la plus saine d'y arriver, c'est de se rebeller. Or ils ont besoin de quelque chose contre quoi se rebeller, de limites rassurantes pour exercer leurs forces.

Il ne faut pas oublier à quel point les ados sont changeants et instables. Parfois pleins d'assurance, refusant toute contrainte, mais s'écroulant la minute d'après dans un sentiment d'incertitude et d'impuissance. Ils passent alternativement de l'état adulte à l'enfance. C'est une période déstabilisante durant laquelle il faut les guider.

• *La nécessité des limites*

Fournir aux ados une sorte de règlement intérieur est indispensable : cela leur donne une bonne raison de se plaindre et de discuter. Pendant plusieurs années, les ados apprennent à se connaître par la négative : ils ont besoin de s'opposer systématiquement à ce que commandent ou conseillent les adultes. Parce qu'ils ne savent pas encore très bien ce qu'ils sont ni ce qu'ils veulent. On doit vaincre des résistances et des obstacles pour apprendre à devenir indépendant. Donc, c'est aux parents de fixer clairement des limites auxquelles les ados vont s'opposer. Bien sûr, ces limites devront être adaptées à mesure que les enfants grandissent, car ils ont besoin d'un espace de liberté suffisant.

Deux écueils à éviter : se laisser entraîner dans des disputes interminables et céder trop facilement, afin de les rendre heureux et de leur faire plaisir.

Ce que cherchent les ados dans le conflit, c'est d'abord la confrontation. Chaque fois que les parents cèdent, ils sont obligés de chercher autre chose pour les faire réagir, pour susciter une nouvelle bagarre. Il revient donc aux parents de leur donner des règles, des repères auxquels s'affronter et se mesurer, chacun exprimant clairement son opinion.

Même si cela paraît contradictoire et paradoxal (mais qu'est-ce qui ne l'est pas avec les ados ?), j'ajouterai qu'il faut aussi les laisser faire, qu'il ne faut pas trop les pousser à faire ceci ou cela, qu'il faut surtout leur faire confiance. Car la confiance qu'on leur témoigne leur permet de prendre confiance en eux, ce dont ils manquent souvent.

• *Des techniques différentes*

Il n'est bien sûr pas question d'utiliser avec un adolescent les mêmes méthodes qu'avec un enfant. Pour que l'ado prenne son autonomie, les relations verticales doivent évoluer progressivement vers des relations horizontales. Les ados se voient confier davantage de responsabilités et sont tenus d'assumer les conséquences de ce qu'ils font. C'est pourquoi les techniques suivantes seront les plus efficaces :

– la démarche de résolution de problème ;
– le contrat ;
– les demandes claires ;
– les conséquences naturelles.

• *Tenir ses engagements*

Avec un adolescent qui n'est pas dans une phase d'opposition systématique, une technique simple et efficace est celle qui l'incite à tenir les engagements qu'il a pris librement. Vous pouvez procéder en quatre étapes, comme suit :

– *discuter*. Demandez à votre adolescent de discuter avec vous sur un point le concernant qui vous pose problème (« Je trouve que tu ne participes pas assez aux tâches ménagères »). Exposez votre difficulté et laissez-le s'exprimer librement sur ses réticences ;

– *chercher des solutions*. Cela doit se faire ensemble, jusqu'à ce que vous soyez d'accord sur la solution trouvée. Il s'agit de passer un contrat sur lequel l'ado va s'engager. Pour cela, chacun doit négocier, aucun n'aura tout ce qu'il veut. Par exemple, vous aboutissez à la décision qu'il sortira la poubelle tous les soirs avant de se coucher ;

– *finaliser les détails*. Vous vous mettez d'accord sur une heure et une façon de faire ;

– *suivre le résultat*. Il ne vous reste plus qu'à inciter, si nécessaire, votre ado à tenir son engagement. Cela sans jugement ni critique, avec calme et respect, sans douter de sa bonne volonté, sans rediscuter l'accord chaque jour. Dans notre exemple, si le parent voit l'ado aller se coucher en oubliant la poubelle, un simple mot suffit à le rappeler à sa tâche (« Poubelle », « Tu n'oublies pas quelque chose ? », « Ton engagement ? »). Mieux encore : désignez la poubelle d'un geste du doigt ou du menton. Quelle que soit la réponse ou les protestations de l'adolescent, maintenez votre position de manière calme, concise et amicale. Moins vous commentez, mieux cela marche.

Tenir leurs engagements n'est pas la priorité des adolescents. C'est pourquoi c'est aux parents d'être garants de l'accomplissement de la tâche. Mais vous serez étonné de voir à quel point un adolescent à qui l'on fait confiance, faisant appel à son sens des responsabilités et à la parole donnée, prend à cœur son engagement.

• *Éviter l'escalade*

Les ados expriment fréquemment des sentiments agressifs. Ils le font avec colère et une bonne dose de provocation. Selon la réaction de leurs parents, les problèmes risquent de s'aggraver ou bien de se calmer. La tâche des parents est non seulement d'apprendre à leur enfant à s'exprimer de manière appropriée et respectueuse, mais ils doivent également gérer leurs propres tensions et montrer l'exemple. Voici quelques pistes qui peuvent y aider.

– Mettre plus l'accent sur le positif que sur le négatif. Les adolescents, lorsqu'ils sont critiqués de manière répétitive, se mettent volontiers en position maximaliste de victime. « De toute façon, tout ce que je fais vous êtes contre et tout ce que je dis, c'est con. » Éliminez les jugements de valeur, les critiques et les punitions. Montrez vos sentiments positifs pour tout ce qui va bien. Discutez de ce qui est inacceptable.

– Encourager la communication en dehors des moments de crise. Cela consiste principalement à laisser parler l'adolescent en réduisant vos interventions au minimum. Tentez une attitude ouverte et compréhensive. Si le jeune se sent invité à exprimer librement ses émotions négatives et ses convictions, il aura moins besoin de le faire sur le ton de l'agressivité et du ressentiment.

– Ne pas réagir. Une bonne part des comportements agressifs ou simplement fermés et hostiles des adolescents vise à faire réagir les parents, dans une sorte de manipulation émotionnelle. Ceux qui n'ont pas ce but vont également dégénérer si les parents « surréagissent ». Aussi vaut-il mieux, parfois, ne pas répondre et tourner les talons plutôt qu'entrer en conflit. Le combat cesse, faute de combattant.

Si vous avez demandé à votre fille de vider le lave-vaisselle et qu'elle le fait en maugréant (assez fort pour être entendue) sur le thème :

« Il y en a marre, c'est tout le temps sur moi que ça tombe », mieux vaut passer outre et la laisser finir sa tâche plutôt que de réintervenir et d'enclencher une inutile discussion. Au plus, vous pouvez dire calmement et amicalement : « Si quelque chose te gêne dans la répartition des tâches familiales, je suis d'accord pour en discuter quand tu voudras. » Quand elle aura fini : « Je te remercie de ta participation. »

– Éviter les rapports de force qui ne mènent à rien, comme les éternelles bagarres sur le rangement de la chambre. Il y a des choses que vous ne pouvez obtenir que par des menaces ou des punitions importantes (privations, confiscations, empêchements, etc.). Or, même si vous gagnez ce genre de batailles, vous allez perdre la guerre de l'adolescence, c'est-à-dire la confiance et le respect réciproques. Mieux vaudra toujours discuter, écouter les arguments, négocier et aboutir à un compromis acceptable par chacun.

Rappelez-vous que vous formez un futur et presque adulte. Le traiter comme vous traiteriez l'un de vos amis me semble une attitude judicieuse.

Je n'aime pas ses copains

Matthieu a quinze ans. À la suite d'un déménagement, il fréquente, depuis quelques mois, un nouveau collège. Or je n'aime pas du tout les copains qu'il s'est faits, même si je les connais à peine. Je crains qu'il ne se laisse entraîner par la bande dans des conduites déviantes. Son langage a changé, sa tenue aussi. Quand je lui fais part de mes inquiétudes, il esquive en me disant que je me fais des idées. Ou bien il m'envoie sur les roses : « Évidemment, dès que je trouve quelqu'un sympa, tu le dénigres. » Ou alors il part en haussant les épaules. Comment réagir ? Puis-je l'empêcher de les voir ?

La question que vous posez est difficile. La soif de liberté du jeune correspond à la nécessité de vivre ses propres expériences. Il a besoin de trouver le mode de vie et d'expression qui lui correspond. Pour cela, il doit se séparer de la référence parentale qui ne peut plus le satisfaire. Ce besoin de liberté pousse l'ado vers l'extérieur. Cependant, il doit connaître clairement les limites qu'il ne faut pas franchir : il doit continuer à sentir que vous êtes responsables de son éducation.

La loi impose aux parents un devoir de surveillance morale de leurs enfants, incluant un droit de regard sur leurs fréquentations. Alors avoir l'œil, s'informer, oui, mais n'intervenir que si c'est indispensable.

• *Faire connaissance*

Avant de vous poser la question d'empêcher votre fils de voir cette bande de copains, vous pouvez commencer par mieux les connaître. Vous pouvez inciter votre enfant à inviter ses copains chez vous, afin que vous fassiez leur connaissance. Il doit se sentir respecté dans ses choix afin de pouvoir faire lui-même le tri entre ce qu'il aime et ce qu'il aime moins. Pour cela, il faut qu'il se sente libre dans ses relations aux autres, sans toutefois se sentir seul. Ne portez pas un regard trop critique sur ses goûts, ses activités ou ses copains, car il se sentirait incompris et risquerait de se refermer sur lui-même. Ce qui ne veut pas dire le laisser faire tout ce qu'il veut…

Si certains copains vous inquiètent parce que vous pensez qu'ils ont une mauvaise influence sur votre enfant (et non parce qu'ils ne sont pas de la bonne couleur ou pas du bon milieu), le mieux est de dialoguer. Essayez de savoir ce qu'ils font quand ils sont ensemble. Soyez très mesuré dans vos appréciations : n'oubliez pas qu'un jugement négatif pourrait tout à fait avoir l'effet inverse à celui recherché. Plutôt que d'interdire, ce qui braque l'enfant, mieux vaut l'amener avec délicatesse à comprendre les réticences et à faire preuve par lui-même de discernement.

• *Le groupe déviant*

Les phénomènes de groupe peuvent influencer certains ados et les entraîner à adopter des comportements qu'ils n'auraient pas eus s'ils avaient été seuls. Le risque, c'est l'identification de l'ado au groupe : il ne se sert pas du groupe pour se construire, mais il perd son identité pour se fondre dans la bande. Il s'installe dans un lien de dépendance au groupe et à son leader. Certains groupes peuvent avoir des comportements déviants ou addictifs, avec une consommation importante d'alcool, par exemple.

L'attitude juste consiste à tâcher de maintenir le dialogue afin que l'ado ne s'isole pas, et de chercher ensemble des solutions. Pour autant, il ne s'agit pas de prendre comme licite ce qui ne l'est pas. Il faut que les parents restent garants de la loi et des repères. Il convient de ne pas banaliser la conduite de l'ado ni de la dramatiser. Le jeune ne doit pas être réduit à sa conduite actuelle, mais considéré dans sa globalité, riche d'intérêts et de potentialités. Cette situation peut se révéler difficile à gérer en famille : il ne faut pas hésiter à en parler et à voir un spécialiste pour ne pas accroître les facteurs de risque.

La manière de se coiffer, de s'habiller

Tous les matins, lorsque Léonore, seize ans, part au lycée, c'est le même conflit qui revient. Elle est à peine coiffée, elle ne met pas de manteau alors qu'il pleut, etc. Je ne peux m'empêcher de faire une réflexion, mais j'obtiens rarement gain de cause, parce qu'elle a réponse à tout. Pour finir, elle me lance : « Mais qu'est-ce que cela peut te faire, tu ne me vois pas la journée ! De toute façon, tout ce que je mets, tu trouves ça moche ! » Je sens bien que je l'exaspère. En même temps, je n'ai pas envie de lâcher… Quelle est la bonne attitude ?

Les ados ont besoin de s'opposer, de provoquer, de faire soudain autrement que ce que vous leur imposiez lorsqu'ils étaient enfants. Perdus entre l'enfance et l'âge adulte, ils se cherchent et nous interrogent, de préférence avec des actes. Ils éprouvent le besoin de se démarquer des autres et d'adopter des signes extérieurs et des comportements propres à leur groupe, lequel joue un rôle constructif et protecteur. La provocation est un langage et l'une des facettes qui trahit les enjeux multiples et décisifs de cette période. Aux adultes d'entendre la dimension d'appel qu'elle peut comporter, mais aussi de laisser passer certains comportements pour ce qu'ils sont. Cela ne dure généralement pas.

Concernant les vêtements, les ados ont besoin de ressembler à ceux de leur bande, qui ont des références vestimentaires précises. Ils veulent se démarquer, s'affirmer, et la provocation vestimentaire n'est pas la plus grave. À moins d'excès choquants, dont on peut toujours discuter, il vaut mieux donner son avis, puis laisser filer plutôt que de créer des conflits inutiles. Le plus souvent, en allant faire les courses ensemble, on peut échanger sur ses goûts respectifs, négocier et trouver un terrain d'entente.

Dans le cas précis de Léonore, il peut être intéressant de continuer les petits affrontements du matin, qui paraissent comme une sorte de rituel. Puisqu'il faut s'opposer, autant choisir le terrain… Les conflits ne me paraissent pas graves tant qu'ils se limitent à des histoires de coiffure et de manteau. Par vos réflexions, vous montrez à votre fille que vous la voyez, que vous vous intéressez à elle. Si vous acceptez le conflit sur ce thème, sans lâcher prise trop facilement, il y a des chances pour qu'il ne se déplace pas sur un terrain plus dangereux.

Il refuse de communiquer

Depuis quelques semaines, Arnaud, dix-sept ans, s'enferme dans sa chambre dès qu'il rentre le soir. Je dois l'appeler pour venir dîner, et il y retourne aussitôt. Il faut vraiment insister pour avoir une soirée en famille, au cours de laquelle il fait la tête. À mes tentatives de dialogue comme à mes questions, il ne répond que par monosyllabes. J'ai l'impression qu'il s'enfonce dans une attitude d'opposition hostile… Que faire ?

Reconnaître que, dans l'immédiat, le dialogue n'est plus possible. Toute tentative de forcer la communication ne ferait que renforcer le refus. Assumer ce silence est très difficile pour l'entourage. C'est une étape pour l'adolescent, la seule manière, peut-être, qu'il ait à sa disposition pour marquer son individualisation et sa mise à distance affective.

L'adulte, lui, peut parler de ce silence et de ce qu'il ressent. C'est le moment de communiquer sur ses émotions et de parler de soi avec le cœur. Il peut aussi parler de sa vie personnelle qui continue. Quand vous êtes avec votre fils, parlez-lui de votre journée, des anecdotes à votre travail. Demandez-lui son avis sur un film. Tenez-le au courant des menus événements familiaux.

Tout ne passe pas par les mots. Restent les actes, les attitudes, tout ce que l'on peut communiquer autrement que par le langage : un bon repas partagé, une séance de cinéma, un sourire affectueux. Il refuse ? Vous pouvez poser sur son bureau, avant qu'il ne rentre, un paquet de ses biscuits préférés. Ou, silencieusement, lui poser la main sur l'épaule.

Montrez que vous êtes toujours là, attentive.

Piercing et tatouage

Mon fils de seize ans veut absolument se faire poser un piercing sur le sourcil. Je trouve cela inquiétant et affreux. Je ne comprends pas. Comment le convaincre d'y renoncer ?

Question fréquente depuis que ces marques corporelles sont devenues à la mode. Chez une autre maman, ce sera le percement des oreilles que lui réclame sa fille de treize ans ou le petit tatouage en forme de rose en haut de la hanche gauche chez celle de quinze ans… Les adolescents peuvent vous rendre dingues à force de réclamer mille et mille fois ce que vous leur refusez et pour lequel, heureusement, ils ont besoin de votre autorisation. Vous ne vous voyez pas autoriser un tatouage définitif, quels que soient sa forme ou son emplacement, pas plus qu'un piercing. Mais l'ado peut se montrer insistant, revenir sur la question, demander des arguments pas toujours évidents à présenter, faire durablement la tête, bref, utiliser tout l'arsenal à sa disposition pour vous faire flancher. Jusqu'à l'ultime argument : « Après tout, c'est mon corps, pas le tien, il est à moi, je peux en faire ce que je veux, c'est moi qui aurai mal ou qui en subirai les conséquences. Qu'est-ce que ça peut te faire ? » Accepter que son enfant ait un tatouage ou un piercing, ne serait-ce que les oreilles percées, dépend beaucoup de la culture et des valeurs personnelles de chacun. C'est une décision permanente et irréversible, elle engage donc l'avenir. C'est pourquoi les parents, qui ont une vision à plus long terme que celle de l'adolescent, sont évidemment concernés. Beaucoup d'entre eux préfèrent que leurs enfants attendent d'avoir plus de maturité, donc d'être majeurs, pour pouvoir prendre ce genre de décision et en assumer les conséquences. Leurs arguments sont ceux de la douleur, de l'hygiène, du risque sanitaire, du style que cela va leur donner… Mais la mode des « perforations » diverses dans les endroits du corps les plus surprenants aboutit à une certaine banalisation du phénomène. « Mais toutes mes copines ont un piercing au nombril ! »

• *Discuter et échanger des arguments*

C'est la première chose à faire. Pourquoi votre adolescent veut-il un piercing ou un tatouage ? Quelles sont ses motivations ? Se rend-il compte des conséquences ?

Vouloir un tatouage ou un piercing ne signifie pas que votre enfant a un problème psychologique. Pour la plupart, c'est un signe qui leur permet d'**appartenir** à leur groupe de référence ou de **se distinguer** des autres, une aide pour définir leur personnalité. Pour les filles comme pour les garçons, il peut s'agir d'une marque de séduction. Ou bien encore d'une manière de s'affirmer contre ses parents et leur génération « raisonnable ». Une marque corporelle choisie et assumée peut les aider, comme le symbole d'un pouvoir pris sur la vie, à se sentir plus fort et mieux dans leur peau.

Une telle décision doit prendre en compte certaines considérations :

– à court terme : l'opération va avoir des répercussions douloureuses et il faut prendre des précautions : pas d'exposition au soleil, pas de piscine, risque d'infection, etc. ;
– à long terme : look particulier, risque de jugement social, marquage définitif, effacement du tatouage très difficile.

D'autres solutions existent, comme un tatouage provisoire ou des boucles d'oreilles à clips (pour les oreilles non percées).

Donnez également clairement votre opinion. « Je dois dire que je n'ai jamais aimé ce genre de choses, bien que je comprenne ta demande. »

• *Prendre une décision*

Après avoir discuté, vous allez devoir prendre une décision. Elle dépend de vos convictions, mais aussi de la demande de votre enfant, de ce que vous pouvez tolérer ou non. Finalement, il n'y a que trois possibilités :

– vous donnez votre accord, convaincue par les arguments de votre adolescent. Sa demande vous semble raisonnable. Il a presque dix-huit ans, et vous estimez que c'est à lui désormais de prendre ce genre de décision. « Tu veux un piercing, d'accord, je te soutiens, mais je veux quand même que tu saches que je n'aime pas cette idée-là. » Dans ce cas, soyez attentif à l'endroit où il va faire faire le tatouage ou le piercing, afin que les conditions d'hygiène soient parfaitement respectées ;

– vous aboutissez à un compromis, concernant l'endroit ou la représentation du tatouage, concernant le lieu du piercing. Ou, simplement, vous demandez un délai. « Je pense que cela vaut le coup de réfléchir encore, dans la mesure où cet acte engage le long terme. Si tu en as encore envie dans six mois, je te donnerai mon autorisation » ;

– c'est non. Dans ce cas, dites clairement vos convictions. « Je suis contre tout ce qui peut modifier ton corps de façon permanente. Tu es trop jeune pour ce genre de décision. Puisqu'il faut mon autorisation, c'est non. J'y vois pour ma part trop de risques. Je sais que tu en as très envie et je suis désolée. Quand tu auras dix-huit ans, c'est toi qui décideras, mais aujourd'hui, c'est moi. »

Cette position est légitime, mais attendez-vous à des réactions et à des protestations. Dire non à son adolescent n'est pas une partie de plaisir, mais c'est parfois nécessaire pour le protéger des conséquences d'erreurs sérieuses et durables.

En résumé, écoutez votre adolescent, écoutez également vos convictions et votre instinct : vous prendrez alors la décision la plus juste.

Il prend la maison pour un hôtel

Depuis que Maxime est au lycée et surtout depuis qu'il a eu dix-sept ans, les copains et la vie au dehors ont pris une grande importance. Si bien qu'il lui reste peu d'énergie et de temps à consacrer à la vie à la maison. Il se sert dans le frigo de ce qui le tente, à l'heure où il a faim, mais il a toujours une chose urgente à faire à l'heure des repas de famille. Il est content que sa boisson préférée soit là, mais ne se préoccupe pas d'aller en acheter. Aux demandes de ménage, il répond qu'il a des devoirs urgents. Le soir, il s'enferme pour travailler dans sa chambre ou sort « chez des copains » sans préciser lesquels. Il laisse derrière lui assiettes et tee-shirts sales. Pendant les vacances, c'est pire : il se lève à midi et prend son petit déjeuner à l'heure où le reste de la famille entame les carottes râpées. Certains soirs, il ramène des copains qui squattent sa chambre et mangent en un soir ce qui était prévu pour le restant de la semaine… Je me sens réduite au rôle de l'aubergiste…

C'est frustrant et exaspérant. Mais tout parent d'un grand adolescent sait qu'en se fâchant il court un risque : celui que le jeune aille voir ailleurs et se fasse encore plus absent qu'il n'est déjà. Comment lui faire comprendre avec diplomatie que, s'il a des droits dans la maison, il a aussi des devoirs ? Comment l'amener à assumer les responsabilités qui correspondent à son âge ?

• *Poser les bases*

Contrairement à ce que pensent les parents, il est nécessaire de recommencer régulièrement. Expliquez à nouveau quelle est votre conception de la famille et quelles doivent être les responsabilités de chacun. Revenez au besoin sur les notions de respect. Dites clairement à votre enfant que, tant qu'il habitera avec vous, il sera tenu à certains comportements, ainsi qu'à un minimum de présence et de participation.

• *Fixer les règles absolues*

Pour déterminer sa conduite, le jeune a besoin de savoir clairement ce que vous attendez de lui. Les limites infranchissables doivent être précises. Elles varient selon les familles et les exigences de chacun. Par exemple : on prévient de ses absences inhabituelles, on ne fume pas dans la maison, on prend au moins trois dîners par semaine en famille, on gère son linge sale, on ne pioche pas sans demander dans les réserves alimentaires, etc. Des règles simples, pas trop nombreuses, et en accord avec l'âge de l'enfant, sont celles qui auront les meilleures chances d'être respectées.

• *Cesser de râler*

Les jeunes ont une merveilleuse aptitude qui leur permet une écoute sélective. Quand les parents se plaignent d'eux et protestent, soit ils sortent de la pièce, soit ils cessent tout simplement d'entendre. Les reproches glissent sur eux. Ils murmurent un « oui, oui » qui ne les engage nullement. C'est pourquoi la première chose à faire est de cesser de râler inutilement, de décider une bonne fois que cela ne peut plus durer et de passer à l'acte.

• *Faire le point*

La première étape consiste à étudier précisément la situation. Comment s'est-elle installée ? Depuis combien de temps dure-t-elle ? Va-t-elle en empirant ? Par quoi se traduit-elle ? Quels sont ses aspects les plus insupportables, ceux que vous ne pouvez vraiment plus tolérer ?

• *Définir ses objectifs*

Parmi les aspects insupportables, choisissez ceux sur lesquels vous allez décider d'agir. Soyez modeste pour commencer. Vous pouvez, avec quelques chances de succès, obtenir qu'il mette son linge sale dans le panier, mais certainement plus difficilement qu'il trie les couleurs ou fasse lui-même sa lessive. Vos objectifs doivent être définis en termes concrets et opérationnels : non pas « qu'il rentre plus tôt le soir », mais « qu'il soit là systématiquement à 19 heures, sinon il téléphone ».

• *Discuter avec le jeune*

Trouvez un temps, hors stress et hors conflit, pour discuter. Oubliez tout reproche (du style : « Tu ne ranges jamais ta chambre ! »), qui attirerait d'emblée une réaction défensive (du style : « J'y fais ce que je veux ! ») et fermerait la discussion d'emblée. Parlez plutôt de vous. « J'ai un problème : je supporte très mal, quand j'achète une douzaine de yaourts aux fruits le matin, qu'il n'y en ait plus le soir ; idem quand tu manges les tranches de saumon fumé au goûter avec tes copains quand je les avais prévues pour le dîner. Cela ne peut plus durer. » Puis, ensemble, essayez de trouver des solutions, que vous mettrez par écrit. Laissez-le en inventer quelques-unes, sans les critiquer : « Je pourrais avoir une étagère du frigo où je peux me servir librement » ou bien : « Pour compenser, une fois par semaine, c'est moi qui fais les courses » ou encore : « Dans ce cas-là, tu me donnes de l'argent pour aller manger ailleurs »... Glissez également les vôtres. Discutez, puis voyez ce que vous pouvez essayer. L'échange doit déboucher sur un contrat que vous négociez avec l'adolescent, donc sur les termes duquel vous êtes tous les deux d'accord. Le contrat définit le plus précisément possible ce qui va se passer et comment chacun doit se comporter à l'avenir.

• *Maintenir le dialogue*

Avec les ados, le risque d'une rupture de communication est toujours latent. Même s'il vous arrive d'exploser parce que votre enfant vous a trop tapé sur les nerfs, ne laissez pas la situation dégénérer. Quand la colère de chacun est retombée, trouvez le moyen de renouer le dialogue rapidement. Mais sans renoncer pour autant à vos objectifs. Rappelez votre adolescent à ses engagements, mais sans cris, menaces ou jugements lapidaires.

• *Et si rien ne change ?*

Incluez dans les termes du contrat ce qui se passera si le jeune ne respecte pas ses engagements. Demandez-lui d'imaginer lui-même les mesures qui l'inciteraient à tenir parole. Cela peut être en termes de récompense (« Au bout d'un mois, je t'offre une chemise si… »). Puis prenez rendez-vous un mois plus tard pour refaire le point et voir ensemble comment les choses ont évolué. La solution choisie n'était peut-être pas la bonne, auquel cas voyez ensemble comment l'améliorer. Puis reprenez date.

Conclusion

Nous voilà arrivés au bout de ce voyage au pays de l'éducation et de l'autorité. Finalement, quel est l'essentiel de tout cela ? Il tient en quatre points :

– trouvez le positif dans chaque situation. Apprenez à voir le bien plutôt que le mal, l'intention plutôt que le résultat. Même les erreurs sont des occasions de progresser. Une vision positive et généreuse de la vie est peut-être ce qu'il y a de plus important à transmettre ;
– entrez dans le monde de votre enfant, mettez-vous à sa place, tentez de le comprendre. Rappelez-vous que les enfants ne sont pas des adultes en miniature. Cela vous amènera à prendre de meilleures décisions et à accorder plus souvent le bénéfice du doute ;
– efforcez-vous de garder votre calme le plus souvent possible. Apprenez à respirer et à gérer vos émotions. Il ne s'agit pas d'être un parent parfait, mais de défouler ses tensions ailleurs que sur ses enfants, même s'ils en sont parfois la cause. Les cris permanents épuisent et ne mènent à rien ;
– faites ce qu'il faut pour convaincre votre enfant que l'amour que vous lui portez est inconditionnel. Il n'a pas besoin d'être gentil, bon élève ou bien élevé pour être aimé. Pas besoin non plus de faire l'inverse pour tenter d'en avoir la preuve.

Ces conseils, comme ceux qui émaillent ce livre, n'ont qu'un but : vous rendre la vie plus facile. L'autorité bien vécue de part et d'autre diminue nettement le temps passé en conflit, colère, irritation. Ce qui fait que la maison est plus paisible et la vie avec vos enfants plus agréable.

Si vous avez commencé à modifier votre attitude, vous avez pu constater que les relations sont déjà meilleures et que le temps de plaisir partagé a augmenté. Parents comme enfants se sentent dans une meilleure estime d'eux-mêmes.

Rien de magique là-dedans : seulement une meilleure compréhension de la psychologie de l'enfant et l'application constante de quelques principes simples qui en découlent.

Encore une fois, il ne s'agit pas d'être un parent parfait. Cela serait, à long terme, un fardeau et un bien mauvais cadeau fait à l'enfant. Dans toute éducation, il y a une part de « ratage » qui fait justement sa qualité et son originalité. C'est ce qui donne à l'enfant l'envie de grandir et de faire son chemin à son tour. Plus modestement, il s'agit d'être heureux ensemble pendant ces années d'enfance et de préparer les enfants à leur vie d'adulte.

Un dernier mot, qui me semble important. Que vous soyez un couple uni ou divorcé, vous n'êtes pas que parents. Vous êtes aussi un homme, une femme, une histoire d'amour, des rencontres, des désirs. Cette part-là ne doit pas être sacrifiée aux enfants. Ces derniers ont droit à une part importante de votre vie, mais pas à *toute* la place. Ils ne pourront que bénéficier du temps que vous passerez à vous construire, à vous épanouir, à vous aimer.

Table

Introduction 9

1. L'autorité bien comprise 13
   - L'enfant : un bien précieux 13
   - L'autorité : une notion qui a bien évolué 14
   - Les différents styles éducatifs 17
     - Le modèle « autoritariste » 17
     - Le modèle « permissif » 18
     - Le modèle « communicatif » 18
     - L'autre voie : « discipline positive » ou « autorité éclairée » 20
     - Les parents doivent-ils être d'accord sur tout ? 20
   - Définir l'autorité et la discipline 21
     - Discipline 22
     - Autorité 23
     - Transmission 24
     - Les différentes sortes de lois 28
   - Limites et interdits 30
     - Mettre des limites : pourquoi ? 30
     - La valeur de l'interdit 31

Pourquoi les limites sont-elles devenues plus difficiles à poser ? 34
Le monde a changé 34
L'envahissement du psychologique 36
La séduction a remplacé l'autorité 37
Ces parents qui ont besoin d'amour 37
Le prix à payer 38
Vouloir à tout prix être aimé 39
Les pères et les mères, des besoins différents 41
Les répercussions sur l'éducation 42
Les parents aussi ont des droits 44
Les droits généraux 44
Les droits particuliers 45
Les droits du couple 46
Parents et enfants sont différents 47
Le but de l'éducation 49

2. Ce qu'il faut dire aux parents 51

La meilleure des préventions : un lien fort 51
Être connecté à son enfant 52
Être aux côtés de son enfant 53
Prendre du plaisir ensemble 54
La démocratie familiale 55
Un système déraisonnable… 55
… mais destiné à évoluer 57
L'attitude des parents 58
La colère des adultes 58
Garder son calme 60
Une attitude positive 65

3. Ce qu'il faut savoir des enfants 67
Comment fonctionnent les enfants ? 67
Le comportement de l'enfant a un sens 68
La crise d'opposition 69
Le besoin de répétition 71
Le besoin de respect 72
« Qui c'est le chef ? » 73
Le besoin d'expérimenter 76
Le besoin de jouer 78
L'égocentrisme 79
Le principe de plaisir 81
« Tant que je gagne, je rejoue » 83
Le besoin d'attention 86
Sur quels mécanismes les parents peuvent-ils s'appuyer ? 90
La connaissance de l'enfant 90
Le langage de l'enfant 92
Distinguer le besoin et l'envie 94
L'enfant se conforme à ce qu'on attend de lui 97
La force de l'habitude 99
Le pouvoir de l'exemple 101
La loi du renforcement 103

4. Les outils de l'autorité 107
La communication 107
Parler avec son enfant 108
Éviter les erreurs les plus fréquentes 113
Quand parler ? 115
La démarche de résolution de problèmes 118
Où, quand, avec qui ? 118
La technique 119

Les avantages 122
Une solution gagnant-gagnant 123
Les règles 124

5. Comment faire cesser un comportement négatif.... 129
Exprimer sa difficulté 130
Dire non ! 131
Des alternatives au mot « non » 131
Un « non » qui a du sens 133
Non à quoi ? 133
Faire preuve d'empathie 134
Supprimer le renforcement 135
Identifier le renforcement 135
Ignorer 136
Une réaction paradoxale 137
Le temps d'isolement ou « hors-jeu » 139
Quand prononcer le hors-jeu ? 139
Où isoler l'enfant ? 140
Pendant combien de temps ? 141
Comment fonctionne le hors-jeu ? 141
Laisser jouer les conséquences naturelles et logiques 142
De quoi s'agit-il ? 142
Les lois de cause à effet 144
Pas de commentaires 145
Les cas où c'est impossible 146
1… 2… 3 ! 147
Les principes de base 148
Prévenir les enfants 149
Les punitions 150
Une technique inefficace à long terme… 150
… mais parfois nécessaire 152

Quelle punition appliquer ? 153
Les menaces 153
Les fessées, tapes et autres coups 154
Pourquoi est-ce tellement déconseillé ? 154
Un dernier recours 157
La tape sur les mains 159
Les mots qui blessent 160
Respectez sa créativité et ses émotions 161
Évitez les étiquettes et les jugements définitifs 161
Évitez menaces et chantages 162
Ne misez pas sur sa culpabilité 163
L'humour 163

6. Comment susciter (ou développer) un comportement positif 165
En règle générale 166
Les encouragements et les compliments 167
Une « nourriture » indispensable 167
Améliorer la fréquence d'un comportement positif 169
L'art du compliment Attention : complimenter n'est pas flatter 170
Les demandes et les instructions 172
Le bon moment 173
La bonne manière 174
Le bon contenu 175
Les récompenses 177
Récompense, mode d'emploi 178
Les récompenses affectives 181
Les récompenses tangibles 181
Les récompenses cumulatives 182

Le contrat ... 183
Qu'est-ce qu'un contrat ? ... 184
Comment fonctionne-t-il ? ... 185
Quand arrête-t-on ? ... 187
Les critiques ... 188
Le compte-minutes ... 190
Les aide-mémoire ... 191
1… 2… 3 ! ... 193

7. L'autorité, âge par âge ... 195
Le petit enfant de dix-huit mois à quatre ans ... 195
Quand ce merveilleux bébé cesse d'être un ange… ... 196
Comment réagir devant les colères ? ... 198
Elle ne veut rien manger ... 202
La délicate mise au lit ... 203
Les morsures ... 205
Les gros mots ... 207
L'enfant de cinq à douze ans ... 209
La discipline à cet âge-là ... 210
Il ne range pas sa chambre ... 213
Il discute tout le temps ... 216
Courses : il quémande sans arrêt ... 220
L'insolence ... 223
La pratique d'une activité ... 226
L'adolescent ... 229
La difficulté d'être parent d'adolescent ... 229
L'autorité à l'adolescence ... 231
Je n'aime pas ses copains ... 235
La manière de se coiffer, de s'habiller ... 237
Il refuse de communiquer ... 239

Piercing et tatouage 240
Il prend la maison pour un hôtel 243

CONCLUSION 247

Photocomposition Nord Compo
Imprimé en Allemagne par GGP Media GmbH

Pour le compte des Nouvelles Éditions Marabout
Dépôt légal : mars 2012
ISBN : 978-2-501-06817-8
40.6252.7/02